战略性新兴产业　丛书总主编
科普读本　　　　**褚君浩 院士**

节能环保产业

黄民生 主编

上海科学技术文献出版社
Shanghai Scientific and Technological Literature Press

图书在版编目（CIP）数据

节能环保产业 / 黄民生主编． —上海：上海科学技术文献出版社，2014.6
（战略性新兴产业科普读本）
ISBN 978-7-5439-6244-6

Ⅰ．① 节… Ⅱ．① 黄… Ⅲ．① 节能—产业发展—普及读物 ② 环保产业—产业发展—普及读物　Ⅳ．① F407.2-49 ② X324-49

中国版本图书馆 CIP 数据核字（2014）第 097205 号

本书获国家出版基金、上海科普图书创作出版专项资金资助

责任编辑：陈云珍　石　婧
装帧设计：一步设计

节能环保产业
黄民生　主编
出版发行：上海科学技术文献出版社
地　　址：上海市长乐路 746 号
邮政编码：200040
经　　销：全国新华书店
印　　刷：上海中华商务联合印刷有限公司
开　　本：720×1000　1/16
印　　张：12.25
字　　数：181 000
版　　次：2014 年 6 月第 1 版　2014 年 6 月第 1 次印刷
书　　号：ISBN 978-7-5439-6244-6
定　　价：58.00 元
http://www.sstlp.com

战略性新兴产业科普读本
丛书编写委员会

总主编
褚君浩　院士

副总主编
周　戟　雷宗友

主　任
陈积芳

副主任
陈云珍　李正兴

编　委
（以姓氏笔画为序）

戈　梅　石　婧　朱　敏　朱盛镭　许　平
何　岩　吴　沅　张庆麟　杨立勇　杨　帆
杨　晟　苏振兴　陈代杰　周　戟　周志华
周昭德　施鹤群　黄民生　雷宗友

节能环保产业
编写委员会

主　编
黄民生

副主编
何　岩

编撰人员
黄民生　何　岩　刘善文
张　博　童　敏　沈叔云
潘建鹏　姚丽平　马俊飞

PREFACE 序言

经过各位作者和编辑的辛勤劳动,"战略性新兴产业科普读本"丛书和读者见面了。当前科学技术和产业发展表明,新一次工业革命正在悄然发生之中,这一波浪潮将主要波及新兴产业领域。在当前创新驱动转型发展的关键时期,了解和把握战略性新兴产业的背景、内涵及有关知识,有利于促进新兴产业的发展,有利于加深对新一次工业革命态势的认识,从而确保在新工业革命到来之际,能够把握先机,抢占新一轮科技经济发展的制高点。

从世界历次工业革命的规律及其对经济社会发展的影响出发,根据当前新工业革命发生的科技和经济社会背景,以及国际上的分析,当前人类迫切需要解决的问题和现实需求,以及对未来生活的美好期望,将是第三次工业革命的驱动力。新的工业革命是以半导体物理带动微电子技术新发明、从而激发信息科学技术高度发展为基础,以信息技术和物质科学技术的深度融合为特征,并由能源科学、工程科学、材料科学、生物科学等一系列学科的科学发现与技术发明多轨并行、交叉推动。第三次工业革命将实现新一代信息技术高度发展,并与新能源技术、智能化体系构建技术、先进制造技术和生物技术等的深度融合,推动能源互联网、智能化复杂系统和信息化数字制造技术的新兴产业发展,实现以建设数字地球、智慧地球、低碳地球和绿色地球,实现可持续发展为目标的新兴产业革命性发展。

战略性新兴产业是新一次工业革命的若干具体发展方向,是发挥产业引领作用的关键。为了应对新工业革命,国务院发布了《关于加快培育和发展战略性新兴产业的决定》,制定了七个领域的新兴产业发展规划,这七个领域就是:节能环保产业、新一代信息技术产业、生物产业、高端装备制造产业、新能源产业、新材料产业、新能源汽车产业。

本丛书系统地介绍了这些新兴产业的发展轨迹和知识内涵,讨论了新兴产业和科学技术、社会经济发展的关联性,讨论了发展新兴产业的途径,探讨了新兴产业发展的未来图景。同时,也宣传一些发展理念,强调了加强基础研究和核心技术研发的重要性,要奏好"科学发现"—"技术发明"—"产业发展"三部曲,需要培育创新环境、构建基于核心技术创新联盟的产学研合作体系,搭建面向新工业革命的共性技术研究平台,推动技术创新浪潮;需要构建未来产业培育体系,引导产业创新;需要推动适应新工业革命需要的机制体制建设,建立新工业革命促进机构,创新人才工程,提高知识产权保护效率,推动以风险基金为主的科技金融体系建设;需要加强创新文化建设。

本丛书努力以晓畅的通俗语言、严谨的逻辑结构、丰富的感性资料、周密的分析推理,展现战略性新兴产业的概貌。希望对普及战略性新兴产业的相关知识能够有所助益,同时也希望得到广大读者的建议和批评。

2014 年 6 月

FOREWORD | 前言

自改革开放以来，我国社会经济经历了三十多年的快速发展，目前我国经济总量位居世界前列。"中国制造""世界工厂""城镇化过半"形象地描述了我国社会经济发展的辉煌成就。然而，受多种因素的作用和影响，我国三十多年的社会经济发展过程带有明显的"以牺牲环境质量换取经济发展"和"粗放式发展"的痕迹和特征，其结果造成了神州大地广泛和严重的环境污染与生态破坏，影响着人民身心健康和子孙后代的可持续发展。进入21世纪特别是近10年，在"转型升级""生态文明""健康生活""美丽中国"等大政方针和远景目标的规划与引导下，我国环境保护意识空前高涨，环境保护行动也轰轰烈烈，作为新兴产业之一，我国环保产业正处于快速发展的过程中。

本书从我国环境保护事业的急迫需要出发，在综述我国环境污染现状、环保产业方向、环保产业发展前景与重点领域的基础上，系统介绍了水污染防治技术和设备、大气污染防治技术和设备、固体废弃物处理技术和设备、环保产品、环境服务产业、资源循环利用等的基本知识、行业动态和发展方向。本书的编写和出版试图让读者从技术性、社会性、经济性等多层面的角度明确环保产业的选择、技术的要求和未来环保产业的发展趋势，旨在为我国环保产业的科学、健康和快速发展提供支撑，也为管理部门决策与从业人员选择提供服务。

参加本书编写的有刘善文、何岩(综论),刘善文、张博(第一章、第五章),童敏、马俊飞(第二章、第三章、第四章),何岩、姚丽平(第六章),沈叔云、潘建鹏(第七章)。全书由黄民生、何岩统稿。

因编写人员的能力和水平有限,书中不足之处在所难免,敬请读者批评指正。

CONTENTS 目录

综论　　1

层出不穷的环境污染事件 / 2
环保产业的三大热门方向 / 7
欣欣向荣的环保产业 / 10
环保产业的发展前景 / 12
环保产业重点领域 / 16

水污染防治技术和设备　　19

膜分离技术——水处理的"膜"法棒 / 21
海水淡化，咸尽甘来 / 25
地下水修复技术 / 30
富营养化水体的"减肥"技术 / 33
污泥的"瘦身"技术 / 39

大气污染防治技术与设备   43

    电除尘、袋式除尘及电袋复合除尘技术 / 45
    挥发性有机污染物的治理技术 / 49
    柴油机排气净化技术 / 56
    脱硫脱硝技术 / 62

固体废弃物处理技术与设备   71

    垃圾焚烧处理技术 / 72
    土壤污染修复 / 77

环保产品   81

    无处不在的环境材料 / 82
    药到病除的环保药剂 / 97
    高性能水处理膜材料 / 102
    高性能防渗材料 / 106
    脱硝催化剂——大气净化利器 / 109
    固废处理固化剂和稳定剂 / 112
    持久性有机污染物替代品 / 115

环境服务产业   119

    什么是环境服务产业 / 120
    环境技术服务解决污染问题 / 123
    环境咨询服务让经济发展搭上"健康快车" / 127
    应"市"而生的污染设施运营管理 / 131

废旧资源的回收处置 / 134

环境贸易与金融服务 / 138

环保产业的未来在于服务 / 139

资源循环利用　　　　　　　　　　　　　　　　　　　141

工业固废的循环利用 / 142

共伴生矿的综合开发利用 / 145

循环冶金 / 149

粉煤灰 / 153

浑身是宝的废旧汽车 / 156

废油也有大用途 / 160

餐厨垃圾的循环利用 / 163

农林废弃物也能变废为宝 / 167

电子废弃物的循环利用 / 172

废玻璃的回收利用 / 178

节能环保产业
JIENENG HUANBAO CHANYE

综论

层出不穷的环境污染事件

近年来,伴随着经济列车的呼啸飞驰,我国的环境风险也日益加大:各类污染事件纷至沓来,污染范围不断扩大,类型更为复杂,后果更为严重,治理更为困难,令人触目惊心。这些污染事件除了造成直接的经济损失外,还严重危害着人民的健康安全。下面,就让我们从近年发生的几例环境污染事件中进行反思,以求在大自然给我们灾难性的惩罚之前尽快学会与自然和谐相处。

太湖、巢湖、滇池蓝藻大爆发

2007年5月底,由于上游污染和高于往年的水温,太湖蓝藻以咄咄逼人之势提前一个月爆发。江苏省无锡市的市民惊讶地发现,家中自来水的水质骤然恶化,臭味弥漫,做饭洗衣等正常生活受到严重影响;超市内的纯净水被抢购一空,街头零售的桶装纯净水也随之价格飙涨。

滇池

2007年6月,巢湖、滇池也相继出现蓝藻危机。安徽巢湖西半湖首先出现了大约5千米²的大面积蓝藻暴发区,继而随着持续高温,蓝藻污染波及巢湖的东半湖,直接威胁到当地的饮水安全。云南昆明的滇池也未能幸免,蓝藻因连日天气闷热而大量繁殖,大密度的蓝藻使湖面如同被刷上了一层绿色的油漆,遗臭千米。

紫金矿业铜酸水渗漏事故

2010年7月3日和7月16日,紫金矿业集团股份有限公司所属的福建省上杭县紫金山铜矿湿法厂污水池先后两次发生渗漏,造成大量的酸性含铜污水沿排洪涵洞流入汀江,导致汀江部分河段严重污染,当地渔民网箱养殖的数千吨鲜鱼死亡,直接经济损失达3 187.71万元。正所谓祸不单行,同年9月21日,特大暴雨又造成位于茂名市的信宜紫金矿业有限公司银岩锡矿高旗岭尾矿库发生溃坝事件,造成重大人员伤亡和财产损失。

事发后,当地多名官员被停职检查或责令辞职,相关企业负责人被刑事拘留,福建省环保局也对紫金矿业作出创纪录的956.313万元的行政处罚决定。尽管如此,对比紫金矿业当年48.28亿元的净利润,我们是否相信这样的污染事故不会再次发生呢?

渤海蓬莱油田溢油事故

2011年6月4日起,中海油与康菲石油合作的蓬莱19-3油田B、C平台相继发生溢油事故。作为中国目前最大的海上油气田,蓬莱19-3油田的光环也伴随着此次溢油事故而风光不再。此次事故累计造成约5 500千米²海水污染,约占渤海面积的6%;其中大部分受污染区域海域水质由原先的Ⅰ类沦为Ⅳ类,溢油波及地区的生态环境遭受严重破坏,河

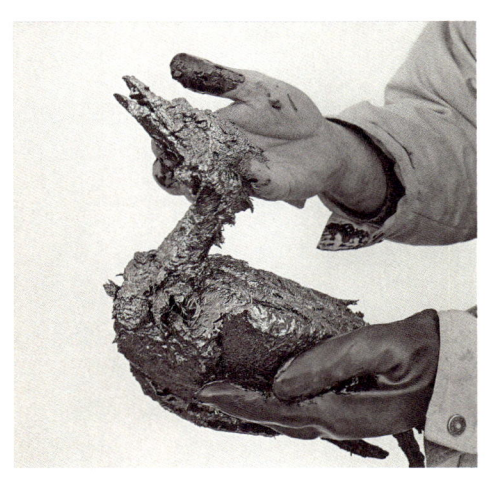

溢油破坏生态环境

清洗海滩上的浮油

北、辽宁两地大批渔民和养殖户损失惨重。更为严重的是,这种污染最终会通过食物链传递威胁到人类的健康,并非简单的一时之害。

该事故的处理进程一波三折,直到次年4月才尘埃落定。中海油和康菲公司确定将提供3.045亿元用于秦皇岛市渔民补偿和海洋生态环境修复,并支付16.83亿元赔偿溢油事故对海洋生态造成的损失,并承担保护渤海环境的责任。尽管赔付数额巨大,但环境破坏的灾难绝不是单单用金钱就能弥补的:毕竟人类的家园只有一个。

云南曲靖铬渣污染事件

2011年4月起,云南曲靖陆良化工实业有限公司将5 222.38吨剧毒化工废料——铬渣非法倾倒在麒麟区三宝镇、茨营乡、越州镇的山上,导致珠江源头南盘江附近水质受到严重污染,附近农村的77头牲畜死亡,并给周围农村及山区遗留下了长期的生态风险。铬渣中的六价铬不仅毒性极强,且有很好的水溶性,一旦受到雨水冲刷就极易造成大面积的铬污染,特别会对水体以及周边土壤产生严重影响。可叹如今一些缺乏社会责任感的无良企业,竟为一时之利,代价却是万世之弊,如此靠牺牲环境、剥夺子孙幸福而赚得的GDP,不要也罢。

广西龙江河镉污染事件

本应是张灯结彩的春节,可龙江河沿岸及其下游柳州市的居民却高兴不起来。2012年1月15日,由于广西金河矿业股份有限公司、河池市金城江区鸿泉立德粉材料厂违法排放工业污水,导致广西龙江河发生严重的镉污染。

据统计，水体中约含镉 20 吨，镉浓度一度超标约 80 倍，污染河段绵延约 300 千米，并于 1 月 26 日进入下游的柳州，一度出现了市民因饮用水污染而抢购矿泉水的现象。

此次事件除了造成巨额的渔业损失，更严重地损害了当地居民的健康安全。进入人体的镉可在体内形成镉硫蛋白，通过血液循环到达全身，并有选择性地蓄积于肾、肝之中。慢性镉中毒主要危害肾脏，并可引发贫血等症状，严重者可因肝肾综合征导致死亡。

工厂排污口

北京雾霾事件

2013 年年初，随着北京及华北大部分地区连续多天出现严重的雾霾天气，PM2.5 开始成为人们热议的话题。

PM2.5，指的是大气中粒径小于 2.5 微米的颗粒物（气溶胶颗粒），对空气质量及能见度有较大影响。由于粒径微小，这些颗粒物极易深入到细支气管和肺泡，同时更大的比表面积也使之更容易附着有毒、有害的物质，因而比粗大的大气颗粒物对人体的危害更大。

地下水污染

在人均水资源严重匮乏的北方大部分地区，地下水是人们日常用水的主

雾霾中看故宫

要来源之一,甚至可以被某些地方称为"生命之源"。然而一些地方企业唯利是图,将污水通过高压水井直接注入地下,导致周边出现了一个又一个的"癌症村"。目前,全国已有90%的地下水遭受了不同程度的污染,其中64%污染严重,而基本清洁的城市地下水仅剩3%。由于地下水在土壤中的储存、移动和更替是一个相对缓慢的过程,因此一旦地下水遭受污染至少需要几十年才能恢复。企业能否着眼于长远利益,监管部门又能否恪尽职守,不仅事关人民健康,而且关乎后代福祉,绝不能将"绝命之源"留给子孙后代。

河北省灵寿县水污染

环保产业的三大热门方向

正常情况下一个人不吃饭只能活7天,不喝水只能活3天,而不呼吸则只能坚持几分钟。正是人类健康生活的基本愿望——清新的空气、洁净的水源和绿色的食粮,催生了环保产业的三大热门方向,即大气治理、污水处理和固体废弃物处理与处置。

PM2.5的监测与治理

2013年年初华北大部分地区的雾霾天气污染物浓度之高、波及之广、持续时间之长均前所罕见,其中北京地区一月份雾霾天数竟达到25天。人们外出时就可以明显感觉到身体不适,部分地区的口罩一度脱销。2013年春节期间,中国74座城市PM2.5的平均超标率为42.7%,PM2.5的最大日均值达到426微克/米^3。按照国务院颁布的《环境空气质量标准》,PM2.5的日均浓度限值为75微克/米^3,也就是说这些城市的空气质量超标468%,已经达到了严重污染的程度。

为了能够让人们重见蓝天白云,2013年2月18日,国家环保部在常务会议上提出将在重点控制区实施大气污染物特别排放限值,严格控制大气污染物的新增量。当天,环保部对外公布了《环境空气细颗粒物污染防治技术政策(试行)征求意见稿》,拟实行PM2.5排放总量控制的制度,这意味着很快PM2.5的监测与治理市场将不亚于脱硫脱硝。

PM2.5的监测方法主要有β射线法和光散射法两种,前者是2012年2月29日国家发布的《环境空气质量标准》中规定的自动分析方法之一;后者是国家卫生部认可的粉尘测试方法,其中光散射法在欧盟国家的环境监测领域使用较为广泛。目前,国产PM2.5检测设备的市场占有率不到30%,未来发展潜力巨大。

除了做好监测工作,更重要的是要从源头上控制PM2.5的排放,这些工作主要集中在火电、水泥和钢铁等重工业行业;而袋式除尘也将替代效果较

炼油厂的烟囱

差的电除尘技术,在工业粉尘治理领域大放异彩。

地下水监测与修复

都说水污染治理比较困难,地下水污染的治理更是难上加难,尤其是深层的地下水一旦污染,治理起来需要上千年的时间。地下水污染,这个"狡猾的敌人"通过长期潜伏积蓄力量,神不知鬼不觉地攻城略地,"癌症村"一个接一个出现。如今人们已无法对其视而不见,否则将会后患无穷。

地下水储量占中国淡水资源总量的1/3,北方地区65%的生活用水、50%的工业用水和33%的农业灌溉用水都来自地下水。但是在2011年全国共200个城市的地下水质监测中,有55%的地区水质为"较差"或"极差";与2010年相比,有15.2%的监测点水质变差。目前我国90%的地下水都遭受到了不同程度的污染,其中60%污染严重,地下水污染呈现由点到面、由浅到深、由城市到农村的扩展趋势。

地下水污染防治必须多管齐下,有的放矢。污水直排、固体废弃物渗滤液是造成地下水污染的最主要原因,而土壤污染物淋溶、地表水污染、管网建设滞后也对地下水环境形成了严重的威胁。2011年出台的《全国地下水污染防治规划(2011～2020年)》,确定了当前地下水污染的治理路径为:以调查评估结果为依据,落实管网建设,加强对工业污水、危险废弃物和垃圾填埋场的监管;在控制污染物排放的前提下,通过试点项目开展地下水污染修复工作,最终实现地下水环境的全面监管和治理。

解决地下水问题是一个系统性的工程,需要妥善处理处置城市污水、渗滤液、危险废弃物等污染源,完善管网等收运环节,逐步开展地下水体修复。另外,提高地下水资源费,加大污水回用力度,亦不失为改善地下水环境的有效措施。

土壤重金属污染修复

土地承载万物,孕育粮食,大爱无声,深沉广博。因为有土地,我们的生命才得以延续,文明才得以传承。然而,土地的"健康"现在却出现了严重的问题,由于人们的自私,大地已不堪重负,气息奄奄。

据国土资源部统计,全国遭受的土壤重金属污染的耕地面积占全国耕种土地总面积的10%以上。我国每年因重金属污染导致超过1 000万吨的粮食减产,有多达1 200万吨的粮食被污染,损失的经济效益约200亿元。

汞、镉、铅、铬、砷这五种重金属被称为重金属的"五毒",它们主要来自农药、废水、污泥和大气沉降等。如汞主要来自含汞废水,镉、铅污染主要来自冶炼排放和汽车废气沉降,砷则被大量用作杀虫剂、杀菌剂、杀鼠剂和除草剂。人们食用的粮食如果来源于被重金属污染的土地,那么致畸、致癌、致突变的风险将增大。

由于土壤重金属污染问题的严重性,我国被迫对其展开修复工作已是如箭在弦。虽然目前我国在土壤重金属修复领域才刚刚起步,修复率不足3%,但据不完全统计,"十二五"期间仅湖南、湖北、广东、陕西等六省的土壤修复计划投资额就在780亿元以上,无疑将是未来环保产业新的增长点。

欣欣向荣的环保产业

进入 21 世纪以来,全球环保产业开始进入快速发展阶段,行业增长率远远超过全球经济增长率,成为各个国家十分重视的"朝阳产业",也是许多国家在产业结构调整转型时期支撑经济增长、保障就业率的重要力量。目前美国、日本和欧盟的环保产业是全球环保市场的主要力量。

我国环保产业虽然起步晚,但发展很快。随着中国城镇化进程和工业化进程的不断加快,环境污染问题日益严重,国家对环保的重视程度也越来越高。

由于"十五"期间国家加大了环保基础设施的建设投资,有力促进了相关产业的市场需求,环保产业总体规模迅速扩大,产业领域不断拓展,产业结构逐步调整,产业水平明显提升。

2007 年,"节能减排"已为广大群众所熟知,《国民经济和社会发展第十一个五年规划纲要》提出了"十一五"期间单位国内生产总值能耗降低 20%左右,主要污染物排放总量减少 10%的约束性指标。该年,我国采取综合措施推进污染减排,全国装备脱硫设施的燃煤机组占全部火电机组的比例由 2005 年的 12%提高到 48%,城镇污水处理率由 52%提高到 60%,全年全国化学需氧量排放量为 1 383.3 万吨,比 2006 年下降 3.14%;二氧化硫排放量 2 468.1 万吨,比 2006 年下降 4.66%。从这一年起,国家全面吹响了环保攻坚战的号角,由被动应对转向主动防控,可以称为我国环保产业的开端之年,为后续环保产业的发展奠定了坚实的基础。

我国环保产业虽然目前总体规模相对还很小,但是发展速度之快出人意料,由于其涵盖范围广,交叉学科多,应用能力强,环保产业的边界和内涵仍在不断延伸和丰富。随着我国社会经济发展模式的转变、产业结构的调整,我国环保产业对国民经济的直接贡献将由小变大,正逐渐成为改善经济运行质量、促进经济增长、提高经济技术档次的产业。环保产业不仅服务于传统的污染防治和生态保护,而且正在成为清洁生产、资源节约、引领产业升级和各行业技术进步的重要物质技术手段,为我国环保事业的发展提供了重要的技术支持和物质保障。

"十一五"期间,我国环保产业取得了长足的发展,我国环保产业规模不断扩大,以超过15%的年均增长速度快速发展,远高于同期国民经济的增长速度。特别是国家提出了主要污染物(化学需氧量和二氧化硫)排放总量减少10%的约束性指标,带动我国在污水处理设施和烟气脱硫设施建设方面的投资超过3 600亿元,为环保产业发展提供了巨大的市场空间,促进了环保产业发展。环保产业的发展不但有量的增长,更有质的飞跃,通过自主研发与引进消化国外先进技术相结合,我国环保技术与国际先进水平的差距不断缩小,一般技术与产品可以基本满足市场的需要。目前,我国环保产品覆盖了污染治理和生态保护的各个领域。

据估算,"十二五"期间规划的全社会环保投资将达3.4万亿元,预计2015年全国节能、环保和资源循环利用三行业产值将超过4.5万亿元,届时节能环保产业将成为中国名副其实的支柱产业。

回顾环保产业近几年的发展历史,国家政策扶持、投入逐年增加,百姓环保意识觉醒、参与热情空前高涨,一派欣欣向荣之象,可谓天时地利人和,正是有识之士有所作为的大好时机。

环保产业的发展前景

环保产业包含的范围广泛,既有属于第二产业的环保设备(产品)生产与经营、废弃资源的综合回收利用,也有属于第三产业的环境服务——主要为环境保护提供技术、管理与工程设计和施工等各种服务。因而环保产业的发展前景也不会千篇一律,从源头到产品,从预防到治理,将会形成以自然资源开发与保护型、环保设备(产品)生产与经营、环境服务型和资源综合利用型为主的四大环保产业。

自然资源开发与保护型环保产业

自然资源开发与保护型环保产业是我国经济健康可持续发展的基础,主要内容包括为改善生态环境、防止生态环境进一步恶化而进行的各种自然资源开发和保护、环境生态系统平衡恢复等活动。通俗地讲,也就是进行植被

内蒙古库不齐沙漠网格治沙

恢复、沙漠治理、退耕还林、物种多样化保护、新能源开发等内容。

自然资源开发与保护型环保产业放弃了短期收益,其中大部分内容经济投入巨大、见效慢,基本上不具备市场化的条件。虽然该产业的回报无法用金钱来衡量,但是其产出的资源却是至关重要的,如清新的空气、洁净的水源和安全的食品。这是一种长远效益,也是我们留给子孙后代的宝贵财富。

自然资源开发与保护型环保产业作为基础性产业,在发展战略上由政府主导,统筹规划进行部署。在发展对策上,将随着我国经济实力的增强,以较快的速度追加资金投入,同时加强监督以提高资金的使用效率。

环保设备(产品)生产与经营型环保产业

环保设备(产品)生产与经营,主要指水污染治理设备、大气污染治理设备、固体废弃物处理处置设备、噪声控制设备、放射性与电磁波污染防护设备、环保监测分析仪器、环保药剂等的生产经营。

环保设备(产品)生产与经营型环保产业未来重点发展的方向主要包括:水污染防治技术和设备、大气污染防治技术与设备、固体废弃物处理技术与设备和环保产品。在环保设备与技术方面,主要向自控、一体、智能化方向发展;环保产品主要向低环境负荷、可再生、生态友好型方向发展。

环保设备(产品)生产与经营在环保产业链中处于基础性地位,近年来取得了一些发展,但从环境保护工作的实际需求来看,产业发展本身还存在一些突出问题,如创新投入不足、规模效益较差、产品成套化与系列化程度低;各大城市的垃圾焚烧发电设备,基本依赖进口;固废垃圾的高档粉碎设备,仍然以进口为主等。

因此,我国"十二五"期间,应从注重规划、支持创新、落实税收优惠等方面入手,努力破解困扰环保设备(产品)生产与经营环保装备产业发展的难题,早日实现用中国装备,装备中国,形成一批拥有自主知识产权和国际品牌,具有核心竞争力的环保装备和产品,部分关键共性技术达到国际先进水平。

环境服务型环保产业

环境服务产业是环保产业中起步晚但发展快的部分,它包括环境技术服务、环境咨询服务、污染设施运营管理服务、环境贸易和金融服务、环境功能服务等。环境服务业的比重提升是产业成熟的标志。在欧美发达国家和地区，环境服务业占环保产业的比例通常在50％以上，我国环境服务业目前所占的比重为20％左右，说明还存在较大的发展空间。

环境服务业的大力发展还需要政府的有效引导，主要包括：

（1）加强对环境服务业发展的政策引导。如加强标准修订，考虑环境成本，把环境成本反映到产品的价格上；

（2）加强环境监管，鼓励环境技术创新。如发布先进污染防治技术和国家鼓励发展的环保技术，形成领导性的技术，来引领行业发展；

（3）开展环境服务业的试点示范，建设服务业公共服务平台，开展污染治理设施第三方运营等；

（4）促进环境服务业技术的交流与合作，推动先进实用环保技术的成果转化、推广和应用；

（5）推动环保认证认可的工作，引导发展绿色产品，不断推动环保产品市场的发展。

环境服务业的发展是环保产业化的高级阶段，不仅有利于实现污染治理专业化，还有利于保持环境质量稳定，防范环境风险。环境服务型环保产业未来将着重发展环境服务总包、专业化运营服务、咨询服务、工程技术服务等方面，有望成为最具发展潜力的环境保护产业领域。

资源综合利用型环保产业

资源综合利用是环保产业中的一个传统部分，也是环保产业收入最多的部分。通过资源的有效利用、稀缺资源的代用及资源的再利用，实现资源的节约和合理利用；在生产过程中，减少废弃物和污染物的产生和排放，以实现废弃物和污染物的减量化、资源化和无害化。

资源综合利用型环保产业未来重点发展的方向主要包括：

（1）矿产资源综合利用，尤其是提高从复杂难处理金属共生矿和有色金属尾矿中提取铜、镍等国家紧缺矿产资源的综合利用水平，以及中低品位铁矿、高磷铁矿、硼镁铁矿、锡铁矿等复杂共伴生黑色矿产资源的开发利用和高

报废的轮胎

效采选；

（2）固体废物综合利用，主要包括煤矸石、粉煤灰、脱硫石膏、磷石膏、化工废渣等大宗工业固体废物的综合利用，以及研发和推广废旧沥青混合料、建筑废物混杂料再生利用技术装备；

（3）汽车零部件、工程机械、机床等机电产品的再制造；

（4）废金属、废旧电器电子产品、报废汽车、废橡胶和废塑料资源的再生利用；

（5）餐厨废弃物资源化利用；

（6）农林废物资源化利用；

（7）水资源节约与工业废水、生活污水和雨水资源化利用。

在"十二五"国家加快转变经济发展方式的大背景下，随着政策的扶持，资金的投入，市场机制的调节，再加上制度的保障，我国资源循环利用产业将迎来新的发展机遇。

环保产业重点领域

所谓好钢用在刀刃上,只有抓住重点,蛇打七寸,才能做到事半功倍。环保产业涉及面广,更要分清轻重缓急。环保产业重点领域可以分为技术装备、产品和服务三大类。

环保技术和装备

污水处理

重点攻克膜处理、新型生物脱氮、重金属废水污染防治、高浓度难降解有机工业废水深度处理技术;重点示范污泥生物法减量、移动式应急水处理设备、水生态修复技术与装备。推广污水处理厂高效节能曝气、升级改造,农村面源污染治理,污泥处理处置等技术与装备。

污水处理厂的曝气池

垃圾处理

研发渗滤液处理技术与装备，示范推广大型焚烧发电及烟气净化系统、中小型焚烧炉高效处理技术、大型填埋场沼气回收及发电技术和装备，大力推广生活垃圾预处理技术装备。

大气污染控制

研发推广重点行业烟气脱硝、汽车尾气高效催化转化及工业有机废气治理等技术与装备，示范推广非电行业烟气脱硫技术与装备，改造提升现有燃煤电厂、大中型工业锅炉窑炉烟气脱硫技术与装备，加快先进袋式除尘器、电袋复合式除尘技术及细微粉尘控制技术的示范应用。

危险废物与土壤污染治理

加快研发重金属、危险化学品、持久性有机污染物、放射源等污染土壤的治理技术与装备。推广安全有效的危险废物和医疗废物处理处置技术和装置。

监测设备

加快大型实验室通用分析、快速准确的便携或车载式应急环境监测、污染源烟气、工业有机污染物和重金属污染在线连续监测技术设备的开发和应用。

环保产品

环保材料

重点研发和示范膜材料和膜组件、高性能防渗材料、布袋除尘器高端纤维滤料和配件等；推广离子交换树脂、生物滤料及填料、高效活性炭等。

环保药剂

重点研发和示范有机合成高分子絮凝剂、微生物絮凝剂、脱硝催化剂及其载体、高性能脱硫剂等；推广循环冷却水处理药剂、杀菌灭藻剂、水处理消毒剂、固废处理固化剂和稳定剂等。

环保服务

以城镇污水垃圾处理、火电厂烟气脱硫脱硝、危险废物及医疗废物处理处置为重点,推进环境保护设施建设和运营的专业化、市场化、社会化进程。大力发展环境投融资、清洁生产审核、认证评估、环境保险、环境法律诉讼和教育培训等环保服务体系,探索新兴服务模式。

污水处理效果示范区

节能环保产业
JIENENG HUANBAO CHANYE

水污染防治技术和设备

水作为生命之源，无私地滋养着神州大地，在人类的生存繁衍、人们的文化传承中有着不可或缺的作用。在工业化程度突飞猛进的今天，没有任何一个工业部门离得开水。火电设备冷却需要水，陶瓷、纺织、水泥、建材等工业生产需要水，所有的工业生产都与水有着或多或少的联系。

为了应对水资源危机，《"十二五"节能环保产业发展规划》指出：十二五期间，水污染防治技术和设备要重点攻克膜处理、新型生物脱氮、重金属废水污染防治、高浓度难降解有机工业废水深度处理技术；重点示范污泥生物法减量、移动式应急水处理设备、水生态修复技术与装备。推广污水处理厂高效节能曝气、升级改造，农村面源污染治理，污泥处理处置等技术与装备。

污水处理厂

膜分离技术——水处理的"膜"法棒

随着材料科学的发展,环境保护中所应用的技术也与时俱进,膜分离技术是21世纪极有发展前景的环保技术之一,经该技术处理的污水有的甚至可以达到直接饮用的程度。其实,膜分离技术早已融入人们的日常生活,我们平时喝的纯净水,往往需要经过膜分离技术中的一种技术——反渗透,才能达到饮用水标准。

膜分离技术的关键是膜材料,它经过特殊工艺制造,可以使溶液中的部分物质顺利通过,而另一些物质则不能通过。膜分离就是利用膜的选择透过性能来实现混合物的分离、提纯、浓缩的一种工艺。

膜材料

与其他分离技术相比,膜分离技术可以从介质(如水)中分离出更小的颗

膜材料

粒及离子物质。根据孔径(或称为截留分子量)由大到小,可将膜材料分为微滤膜、超滤膜、纳滤膜和反渗透膜。按膜的外形,可将其分为平板型、管型、螺旋型及中空纤维型等。而根据膜材料的成分,又可分为无机膜和有机膜。其中,无机膜主要有陶瓷膜和金属膜,而有机膜则由天然或人工合成的有机高分子材料构成,如醋酸纤维素、芳香族聚酰胺、聚醚砜、聚氟聚合物等。

膜分离技术在水处理中的应用

自1925年以来,每隔10年左右就有一项新的膜技术在工业上得以应用。微滤、超滤、纳滤、反渗透等膜分离技术在化工、食品、饮料、制药等众多领域得到了广泛的应用。膜技术与传统分离技术相比,可以显著提高物料分离效率和产品质量。在水处理方面,膜分离技术亦是大有可为,主要用于饮用水精度处理、污水深度处理和海水淡化等。

在水处理工艺中,膜技术通常放在常规技术之后或者与常规技术联合应用。将超滤、微滤与反渗透、纳滤等膜技术单元组合应用,不仅可以获得更加优质的出水,还可以延长精密膜产品的使用寿命。另外,将膜技术中的膜分离组件与活性污泥处理技术中的生物反应器相结合,就形成了膜生物反应器(MBR),它是目前污水处理系统升级提标的重要技术,如与臭氧消毒有效结合,即可提供高品质再生水,被公认是当今世界最前沿高效的污水处理与资源化技术之一。

膜生物反应器

膜生物反应器的种类

膜生物反应器技术(MBR)是高效膜分离技术与活性污泥法相结合的新型污水处理技术,其主要工艺原理是用超滤膜或微滤膜分离技术取代传统活性污泥法的二沉池和常规过滤单元,实现高效的固液分离,并截留大量的生物菌群,提高微生物浓度和生物处理负荷,经其处理后的出水可直接达到高品质再生回用水的标准。

按照处理对象和使用功能的不同,可将膜生物反应器分为:膜曝气膜生物反应器、萃取膜生物反应器、固液分离膜生物反应器。按照对氧的需求不同,可分为好氧膜生物反应器、厌氧膜生物反应器、缺氧膜生物反应器。而按照膜组件与生

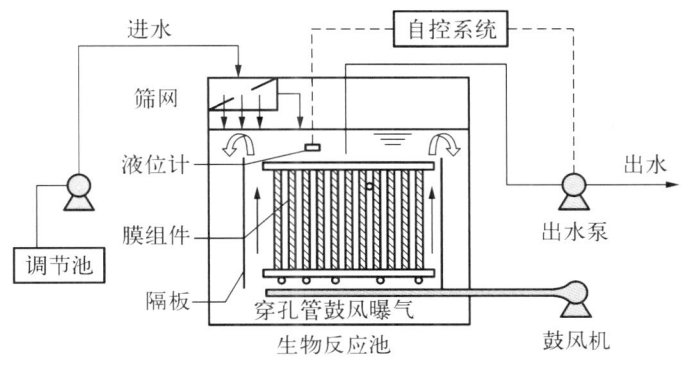

一体式膜生物反应器

物反应器的组建方法又可分为:分体式膜生物反应器、一体式膜生物反应器。其中,一体式好氧固液分离膜生物反应器在污水处理中应用最为广泛。

膜生物反应器的特点及应用

传统的活性污泥法有两大组成单元,分别是曝气池和二沉池,其中二沉池中的剩余污泥一部分回流使用,多余的则排出系统进行处理处置。而在膜生物反应器中,膜分离过程取代了传统活性污泥法的二沉池重力沉降过程。因此,膜分离效果不受颗粒沉降性能的影响,并且可以避免微生物流失,使微生物量长期处在较高水平,保证了系统的高效和稳定运行。与传统的生物处理工艺相比,膜生物反应器除了具有出水水质好、污泥产量小、占地面积小等优势,还能更加有针对性地去除氨氮及难降解的有机物。目前,我国膜生物反应器主要用于城市污水处理与回用、高浓度及难降解有机工业废水处理、公共敏感卫生区域污水处理等领域。

作为"绿色奥运"项目的一个组成部分,2008年北京奥运会期间,北京北小河污水处理厂采用膜生物反应器技术进行改扩建工程,使得该厂的日处理能力从 4×10^4 米^3 提高到 1×10^5 米^3,保证了奥运公园河道及生态湿地对补水水量和水质的要求。

畜禽养殖及其屠宰污水中含有大量的病原微生物。严重急性呼吸综合征(SARS)与禽流感疫情的发生,对这些污水的安全处理提出了新的要求。膜生物反应器可高效去除污水中的病原微生物,在畜禽养殖和屠宰行业废水处理领域具有很大的应用潜力。

圆形的二沉池

近年来,国内外科研人员不断改进膜生物反应器,获得了更好的污染物去除效果和更稳定的运行性能。如:将传统的脱氮除磷工艺与膜分离法结合,能强化脱氮除磷的功效;将基因工程菌投加到反应器中,可提高对难降解有机物的去除效果等。

膜生物反应器的发展前景

膜生物反应器有着许多传统工艺所不及的优点,在污水处理和中水回用方面有广阔的应用价值,但其在推广过程中也存在投入大、不耐用的问题。"工欲善其事,必先利其器",最重要的就是提高膜材料和膜组件性能,开发寿命长、强度高、抗污染、抗堵塞、价格低的膜材料以及处理能力大、能耗低的膜组件。

现在世界上膜生物反应器大、中型制造商中,较为著名的厂商有美国通用公司,日本久保田公司,德国西门子公司,北京碧水源科技股份有限公司,联合环保工程公司等。我国膜生物反应器市场正在加速成长,工程数量和处理规模不断增大。随着膜制造技术的日渐成熟及国产化,并考虑到膜法水处理对城市污水脱氮除磷效果改进的巨大潜力,未来膜生物反应器在污水处理与回用领域的应用具有更强劲和更广泛的增长潜力。

海水淡化,咸尽甘来

全球淡水资源紧缺且分布不均,河流污染更进一步造成了淡水资源的匮乏,因此,人们把目光投向了浩瀚的海洋。通过从海水中大规模制取高质量淡水,不仅能缓解全球水资源短缺,同时也避免了开采地下水引发的地面沉降等一系列问题。不仅如此,因海水淡化发展起来的新型蒸发技术和各种膜技术也是节能减排、清洁生产及环境保护的重要手段。因此,海水淡化产业是发展环保产业的一个重要方面。我国《"十二五"节能环保产业发展规划》中更是将建设海水淡化产业基地工程摆在了重要的位置。

海水淡化打破缺水困局

地球上79%的面积是海洋,淡水资源总量只占地球上水体总量的2.53%,而且大部分被冻结在两极地区的固体冰川中。人类真正能够利用的淡水资源只占全部淡水资源的0.3%。然而这有限的淡水资源,分配又极不平衡,约有65%的淡水资源集中在不到10个国家中。淡水资源最丰富的地方是拉丁美洲和北美洲地区,而在非洲、亚洲和欧洲,淡水资源分布就要少得多。

我国淡水资源也较为匮乏,且时空分布不均,多年平均年缺水量达404亿米^3。沿海尤其是北方沿海地区和海岛,淡水资源短缺问题更加严重。部分缺水城市因超量开采地下水已造成地面沉降、区域性地下漏斗面积增大、生态环境恶化和地质灾害频发等问题,淡水资源短缺已成为制约我国经济社会发展的重要因素之一。

为缓解水资源危机,在厉行节水的同时,我们还要积极开发利用海水、雨水、再生水、苦咸水、矿井水等非常规水源。我国大陆海岸线长约1.8万千米,为海水淡化提供了得天独厚的优良条件,因此可将海水作为水资源的重要补充和战略储备。发展海水淡化产业,对缓解我国沿海缺水地区和海岛水资源短缺状况,促进中西部地区苦咸水、微咸水淡化利用,优化用水结构,保障水资源可持续利用,具有重要意义,也有利于培育形成新的经济增长点。

海中取水不再难

海水淡化是人类追求了几百年的梦想,早在大航海时代,英国王室就曾悬赏征求经济合算的海水淡化方法。近年来,海水淡化技术得到了高速发展,时至今日已经研发出了二十多种海水淡化技术,其中蒸馏法、电渗析法、反渗透法等都达到了工业规模化生产的水平,而反渗透法和低温多效蒸馏法则是我国海水淡化工程中应用最多的技术。

"十一五"期间,我国海水淡化产能年均增长超过60%,截至2010年年底,国内建成海水淡化装置七十多套,设计淡化水产能60万米^3/日;在建装置5套,设计淡化水产能26万米^3/日。其中,反渗透法占总产能的66%,低温多效蒸馏法占33%,其他海水淡化方法仅占1%。

反渗透海水淡化技术

反渗透海水淡化技术是利用高压泵将海水增压后,借助反渗透膜的选择截留作用去除水中的无机离子得到淡水。反渗透工艺包括四个流程:预处理、反渗透、后处理及清洗系统等。海水淡化对反渗透的进水要求更高,预处理首先通常是絮凝过滤,另外一般还要设置超滤环节。近年来,我国在反渗透技术方面得到了较快发展,成本不断降低。反渗透海水膜、高压泵、能量回收装置、反渗透膜压力容器、海水预处理连续膜过滤组器等取得了明显进步;膜处理的主要工艺参数——膜通量(单位时间内通过单位

河北黄骅电厂二期工程海水淡化装置

膜面积的流体量)增大了40%,脱盐率由99.2%提高到99.7%以上;能量回收装置的应用和不断改进,使能耗大幅降低,新一代正位移式能量回收装置的回收效率达94%以上。我国已自主建成日产万立方米级反渗透海水淡化装置,海水淡化工程进入大型化阶段。目前,反渗透海水淡化投资为6 000~8 000元/米^3,综合产水成本为5~6元/米^3,是目前居民用自来水价的2~3倍。

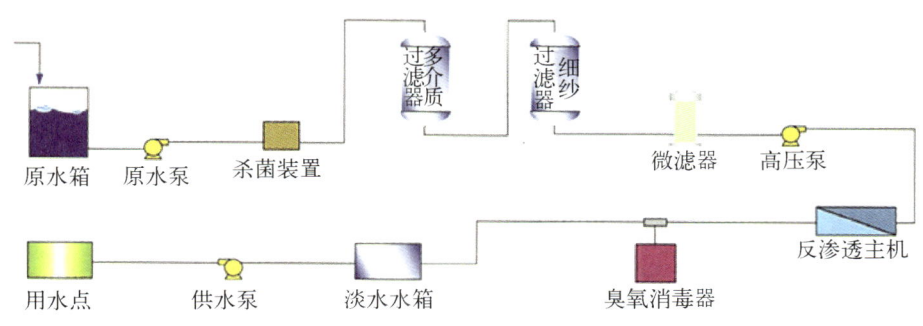

反渗透海水淡化原理图

蒸馏法海水淡化技术

蒸馏法海水淡化是通过加热使海水沸腾汽化,再将蒸汽冷凝成淡水的方法。低温多效蒸馏法的热源为70℃,其特征是将一系列的水平管降膜蒸发器串联起来并分成若干小组,用一定量的蒸汽输入,通过多次的蒸发和冷凝,可以得到多倍于加热蒸汽量的蒸馏水。低温多效蒸馏海水淡化具有水质好和可利用工厂余热或低品位热源的优点,主要应用于需提供锅炉补给水和工艺纯水,且有低品位蒸汽或余热可利用的电力、石化、钢铁等企业。我国已自主建成1.25万米^3/日低温多效的海水淡化蒸馏装置,为大型热法海水淡化工程的启动奠定了基础。目前,蒸馏海水淡化的投资为8 000~11 000元/米^3,综合产水成本为6~8元/米^3。

海水淡化的市场前景

近年来,我国海水淡化技术取得了较大的发展。我国杭州北斗星膜制品有限公司,生产出了自主品牌的高性能复合膜元件,成为全球8家自主反渗

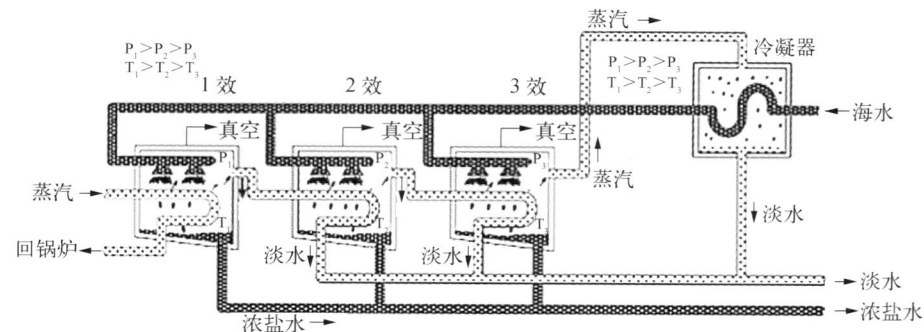

低温多效蒸馏原理图

透膜生产厂家之一。也使我国成为世界上第四个掌握自主反渗透膜生产技术的国家。

然而,我国海水淡化产业依然存在着许多不足。首先,我国具有自主知识产权的关键技术较少,设备制造及配套能力较弱。反渗透海水淡化的核心材料和关键设备,如海水膜组器、能量回收装置、高压泵及一些化工原材料等,主要依赖进口;按工程设备投资价格比计算,国产化率不到50%。同时蒸馏法所用的耐海水腐蚀管材、蒸汽喷射装置(热泵),以及传热效率等,与国际先进水平相比有较大差距。其次,我国从事海水淡化设备制造和工程成套的企业规模普遍较小,还未形成海水淡化装备制造业基地和具有国际竞争能力的专业龙头企业,严重制约了海水淡化技术的产业化进程。

自从我国《海水利用专项规划》发布实施五年以来,海水淡化产业的发展得到了各级政府的高度关注,国家和沿海地方政府出台了一系列鼓励海水淡化及海水综合利用的政策措施,对海水淡化生产企业给予所得税优惠,安排中央预算内资金支持了一批海水淡化示范工程。相关技术专利、标准和法规建设等也取得了积极进展,为加快海水淡化产业的发展创造了良好的政策环境。

《海水淡化产业发展"十二五"规划》指出,到2015年,我国海水淡化产能要达到220万米^3/日以上(这相当于一个100万人口的城市供水量),海水淡化对解决海岛新增供水量的贡献率要达到50%以上,对沿海缺水地区新增工业供水量的贡献率要达到15%以上;大幅度提高苦咸水、微咸水的淡化利用能力;这为海水淡化产业发展提供了广阔的市场空间。同时,该规划也为海水淡化产业的发展明确了方向,要建立我国自主技术研发的装备制造,以完善海水淡化产业链,海水淡化产业产值达到 300 亿元以上,海水淡化原材料、装备制造自主创新率达到 70% 以上,增强海水淡化的国际竞争力。

海水淡化厂内景

地下水修复技术

地下水污染从何而来

地下水是水资源重要的组成部分,提供了中国近70%的人口饮用和40%的农田灌溉。目前中国90%的城市地下水遭受污染,已呈现出由点向面扩展的趋势。地下水污染途径主要有以下四种。

沿海地区海水入侵和倒灌

海水倒灌是指海水入侵淡水含水层的现象。造成海咸水入侵的主要原因是地下水的过量开采,使滨海或岛屿上淡水—海水界面处于不平衡状态。我国北方沿海地区进入20世纪以来,曾出现连续多年的干旱,降雨量偏低,地下水补给量减小,而工农业用水量却不断增大,地下淡水"入不敷出",导致海水入侵。

工业污染

工业"三废"(废水、废气、废渣)是地下水污染的主要因素之一。工业废水如工业电镀废水、工业酸洗污水、冶炼工业废水、轻工业废水和石油化工有机废水等,不经过处理而排入城市下水道、江河湖海或直接排到水沟、大渗坑里,导致地下水化学污染。

农业污染

由于农业活动而造成的地下水污染源主要包括土壤中的残留农药和化肥、动植物遗体的分解,以及不合理的污水灌溉等。它们会引起大面积浅层地下水水质恶化,其中最主要的是硝态氮的增加和农药、化肥的污染。

生活污染

随着经济的不断发展,大量塑料、金属、电池等不可消化的新垃圾出现,同时由于基础设施和管制的缺失,农村污水、垃圾直排现象愈发严重。生活垃圾随着日晒雨淋及地表径流的冲洗,其溶出物会慢慢渗入地下,污染地下水。这种类型的污染因其有着强烈的视觉冲击效果成为最易引起反感的污染之一。

污染物的主要种类

生活污水和生活垃圾污染会造成地下水的总矿化度、总硬度、硝酸盐和氯化物含量的升高,有时也会造成病原体污染。工业废水和工业废物可使地下水中有机和无机化合物的浓度增大。农业施用的化肥和粪肥,会造成大范围的地下水硝酸盐含量增高。农药对地下水的污染较轻,且仅限于浅层。农业耕作活动可促进土壤有机物的氧化,如有机氮,氧化为无机氮(主要是硝态氮),随渗水进入地下水,造成污染。

生活垃圾污染

地下水修复技术

近年来,由于地表生态环境的破坏和污染,致使地下水水质日益恶化。目前许多国家已采取了相应的防护措施,同时也开展了有关污染地下水的治理研究。在经济发达的西方国家,通常采用抽取—处理技术(Pump-and-Treat)、生物注射技术等方法对受污染的地下水进行治理,但这些方法具有建造、运行、管理成本高,运行周期长、对修复区干扰较大等缺点。

近年来出现的可渗透反应墙技术(PRB)是可替代传统的抽取—处理系统的一种有效方法。重非水溶相液体(DNAPLs)、重金属及石油烃的污染等都可用渗透性反应墙法进行控制和处理。该技术于 20 世纪 90 年代初期在美国和加拿大兴起。依据美国环保局的定义,可渗透反应墙是一种原位被动修复技术,一般安装在地下蓄水层中,垂直于地下水流方向。当污染的地下水流在自身水力梯度作用下通过反应墙时,污染物与墙体中活性材料发生物理、化学反应而被去除,从而达到地下水修复的目的。由于污染组分是在天然水力梯度作用下流经反应墙,经过活性材料的吸附、降解等作用而被去除,所以该技术无须额外能量提供和地面处理系统,而且活性介质消耗很慢,有着几年甚至十几年的处理潜力,反应墙一旦安装完毕,除某些情况下需要更换墙体反应材料外,几乎不需要其他运行和维护的费用。与传统的抽取—处理技术相比,该技术至少能节省 30% 以上的操作费用。在欧美等地,该技术已进行了大量的工程研究及试验研究,并已开始商业应用。

可渗透反应墙技术作为一种原位地下水污染的修复技术,能够长期有效地运作而不影响生态环境,而且造价低廉、维护简单,是一种很有前途的地下水修复技术,代表了今后地下水修复技术的发展方向。我国对这项技术的研究尚处于起步阶段。作为发展中国家,在经济并不富裕的情况下进行地下水污染的治理,可渗透反应墙技术是可行的方法之一。

地下水修复将成为行业新亮点

"十二五"期间,国家科技重大专项、国家科技计划、地方科技计划将重点支持地下水污染防治等相关课题研究;加强地下水环境监测、地下水污染控制和修复,以及地下水污染对人体健康影响等方面的研究;围绕地下水饮用水水源污染防治、典型场地地下水污染治理、地下水污染修复、农业面源污染防治等内容,不断加大科技投入,提高地下水污染防治科技水平,并建立健全科技推广体系;鼓励大专院校、科研院所和相关企业加强针对性强、技术含量高的应用技术研发;积极引进、消化、吸收国外先进适用的治理技术及管理经验,科学制定地下水污染防治技术规范和指南,逐步建立先进实用技术目录,积极培育相关产业。随着国家对地下水污染防治的重视,地下水修复产业将成为环保产业新的增长点。毫无疑问,规划中提出的污染防治和修复试点等任务,必将催生一个新产业,即地下水处理相关产业,包括污染治理技术、环境修复技术,以及与此相关的环境服务业。

富营养化水体的"减肥"技术

目前,以水华、赤潮为表征的水体富营养化已是大家耳熟能详的话题之一。人类活动越来越频繁,对环境的影响也越来越大,当氮、磷等营养物质大量进入湖泊、水库、河口、海湾等缓流水体时,会引起藻类及其他浮游生物过度繁殖,造成水体的水质及观感恶化,并散发恶臭、释放毒素,最终发生鱼类及其他生物大量死亡乃至水体生态退化的现象,这种情况就称为水体富营养化。我国水体富营养化现象严重,全方位的治理和修复势在必行。

河水中的水葫芦过度繁殖

富营养化水体的修复技术

富营养化水体的治理与修复需从外源污染截断与内源污染控制两方面着手。前者主要是为了减少外界向水体中排放的污染物量,而后者则是在外源污染得到有效控制的前提下,开展水体的内源治理、生境改善、生态修复,其方法主要有物理机械法、物理化学法和生物修复技术。

物理机械法

物理机械法包括引水稀释和底泥疏浚。引水稀释虽然立竿见影,但对客观条件要求较严,可遇而不可求。当无水可引时,底泥疏浚就显得更为重要了。底泥经过长时间的物理、化学及生物等作用及水体传输而沉积于水体底部,它的主要成分是黏土、泥沙、有机质及各种矿物的混合物,会向水体中释放污染物从而影响治污效果。底泥疏浚的目的,就是通过清除底泥及其所含的污染物质,减少对水体的污染释放,并为水生生态系统的重建创造条件。南京玄武湖、滇池草海的治理都采用过底泥疏浚技术。

污染水体的疏浚工程一般由底泥疏浚设备、底泥输送系统和底泥处理处置设施三个部分组成。其中,疏浚设备是疏浚工程的核心。目前,对船载式疏浚机具进行改造已成为优化底泥疏浚效果的重要发展方向,如:将抓斗或铲斗改为带罩式绞刀,减少对底泥的扰动,并增加刮扫吸头,通过真空抽吸完成底泥运输,配备定位仪和监控器,提高疏浚精度并减少疏浚过程中的二次

江苏扬州市区运河内的清淤船

污染。

荷兰IHC公司将带罩式环保绞刀安装在海狸600型和海狸1600型绞吸式挖泥船上,不仅可以精确清除覆盖在泥水界面上的污染底泥,而且对底泥扰动小,减少了底泥的扩散污染;将DAMEN公司设计制造的螺旋环保绞刀安装在HAM291绞吸式挖泥船上,一次可清除厚度为2～110厘米的表层底泥,而且泥浆含水率很低,其绞吸口在绞刀中部,并配有挡泥罩,这种独特的设计既可有效防止底泥的扩散污染,又减少了疏浚底泥的处理和处置工程量。

物理化学法

物理化学法主要包括曝气增氧和营养盐钝化等。

由于缺氧是污染水体恶化的间接因素之一,于是曝气就像是强心剂一样,不仅能够快速提高污染水体的溶解氧浓度,为水体中污染物的净化和生态恢复提供有利条件,还具有一定的造流作用,抑制水体中浮游藻类的繁殖。常用的曝气方法有:鼓风曝气法、机械搅拌法和射流曝气法等。

营养盐钝化主要采用化学药剂与底泥反应,使得营养盐钝化和稳定化,降低底泥中氮、磷等营养盐的释放强度。常用的化学药剂包括铝铁系无机絮凝剂、表面活性剂、改性黏土、石灰等。这些药剂在较大面积的水域使用时不过是杯水车薪,成本高且易引起二次污染,使得它们通常只是作为应急方案来解决突发问题。

在富营养化水体的治理与修复中,利用曝气设备作为投药和混合设备,既可以降低工程投资,还可以提高治理和修复的效果。

生物修复技术

如果把物理化学法比作西医,那生物修复技术就像是中医,旨在提高水体本身的"免疫力"。生物修复技术是通过水生高等动植物、微生物等

人工湿地

生态浮岛

生物的生命活动,对水体中的污染物进行净化,恢复水生态系统的正常结构和良性循环,控制浮游植物过度繁殖。通常可采用人工湿地技术、生态浮岛技术等。

人工湿地是在模拟并强化自然湿地的基础上发展而来的一种生态型污水处理系统,它主要依靠湿地基质、植物和微生物的物理、化学、生物协同作用来处理污水。湿地植物有漂浮植物和挺水植物等,其中,挺水植物应用较多,主要包括芦苇属、香蒲属、蕉草属等。

人工湿地按其水流方向的不同可以分为表流人工湿地(SFW 型)、潜流人工湿地(SSFW 型)、垂直流人工湿地(VFM 型)。潜流人工湿地是目前应用较多的一种湿地系统,其水位低于地面,水流通过基质透到填料床底下,使污水与生长在基质表面的微生物充分接触,提高污染物的去除率。另一方面,污水在地表下流动,保温性及卫生条件较好。人工湿地除了处理生活污水外,还应用于处理农业面源污染、垃圾场渗滤液、富营养化河湖水、采油废水、采矿废水等。近年来,我国新农村的建设和发展,为人工湿地技术提供了更多的施展空间。

水生植物的资源化利用

对生长在人工湿地及生态浮岛上的水生植物及时收割、打捞和妥善处理,是水体生态管理和防治二次污染的重要环节。对采收的水生植物利用合理,还会产生一定的经济价值,如制备肥料、生产饲料、用作药材以及生产燃料等,其中,制备肥料和生产燃料一般都需要对水生植物进行厌氧发酵。

厌氧发酵就是在无氧条件下,通过微生物的作用将水生植物转化、生成二氧化碳和甲烷等气体的过程。一些水生植物如水葫芦、水花生等繁殖快、生物量大、木质素和纤维素含量高、含水率和碳氮比适中,很适宜作为厌氧发酵的原料。利用厌氧发酵将水生植物转化为高产热值的沼气,具有巨大的开发潜力和意义。发酵过程除能产生沼气外,还能得到沼液、沼渣作为肥料,提高经济效益。

国内外学者围绕水葫芦发酵开展了大量研究。有研究表明,以水葫芦为实验原料,在25℃环境下采用批量发酵的工艺进行发酵产沼气实验,其总固体

水葫芦

含量(TS)的产气潜力为634毫升/克,挥发性固体含量(VS)的产气潜力为834毫升/克,新鲜原料的产气潜力为33.36毫升/克。但目前对水葫芦厌氧发酵大多停留在实验室阶段,规模小,有待进一步研究并应用于实际生产。

利用水生植物作为厌氧发酵的原料,不仅改善了环境,减少了二次污染,也在一定程度上缓解了能源危机,在环境污染和能源紧缺的双重压力下不失为一项双赢之举。

富营养化水体修复的发展前景

水体富营养化成因复杂,修复起来需要全盘考量。想要治水,先要治岸,防止化肥、农药等通过地表径流增加水体污染负荷。未来水体修复的主要手段将是生物修复技术,它能完善水体生态结构,提高水体自净能力,兼具造景及资源化等功能。但要注意,尽量使用土著物种,防止生物入侵,防止滋生蚊虫传染疾病。

《2011年中国环境状况公报》显示,在调查的26个国家监控重点湖泊中,Ⅳ～Ⅴ类和劣Ⅴ类水质的湖泊(水库)比例为57.7%。滇池、巢湖、太湖的污染经大力治理,虽已基本遏制富营养化发展的趋势,局部水质也逐步开始好转,但治污效果还没有达到预定的要求。冰冻三尺非一日之寒,湖泊仍未脱离富营养化状态,我国富营养化水体的治理工作依旧任重而道远。

太湖一景

污泥的"瘦身"技术

近年来，我国污水处理设施建设高速发展。截至2010年，城镇污水处理能力已达到1.25亿米^3/日，"十二五"期间还将增加污水处理能力9 000万米^3/日。但是在污水处理的初沉池和二沉池等工艺环节会有大量污泥产生，污泥中含有病原体、重金属和持久性有机物等有毒有害物质，如果未有效处理处置，极易对地下水、土壤等造成二次污染，直接威胁环境安全和公众健康，使污水处理设施的环境效益大大降低。随着越来越多的污水处理厂的投产和运行，其产生的污泥量也越来越大。以含水率80%计，我国年污水厂污泥总产生量很快将突破3 000万吨，污泥处理处置已到了刻不容缓的地步。

污泥处理处置的目标是实现减量化、稳定化、无害化、资源化。首先是对污泥进行减量化、稳定化处理，如浓缩、脱水、稳定、干化、焚烧，达到缩减污泥体积、稳定污泥性质的目的；然后是对处理后的污泥进行安全处置和资源化利用，如卫生填埋、堆肥、筑路、制砖等，变废为宝。

污泥浓缩

污泥浓缩是通过重力或机械的方式降低污泥含水率，减少污泥体积，降低污泥输送、处理和处置的成本。常用的浓缩方法包括重力浓缩法、气浮浓缩法和离心浓缩法。其中，离心浓缩设备有卧螺式离心机和转鼓式离心机等。浓缩污泥的含水率一般可达94%～96%。

污泥稳定

污泥稳定处理就是降解污泥中的有机物质，进一步降低污泥中的含水量，杀灭污泥中的细菌和病原体。这是污泥能否资源化利用的关键步骤。污泥稳定有化学稳定和生物稳定等方法。其中，生物稳定法主要基于厌氧消化和好氧发酵。污泥厌氧消化指污泥中的有机物在厌氧菌作用下充分降解，同

卧螺离心机每小时处理泥浆约 100 米^3

时产生沼气以进行综合利用。污泥厌氧消化可以稳定污泥的性质,还可以提高污泥的脱水效率。

根据厌氧消化过程中甲烷菌的适宜温度范围,可将污泥厌氧消化分为中温(30~36℃)和高温(50~53℃)消化过程。其中,高温消化具有消化速度快、处理负荷高、反应时间短和反应器容积小等优点,在国外的应用实例不断增加。但它需要对污泥适当加热,因此运行成本较高。

污泥高温好氧发酵是依靠专性和兼性好氧微生物的作用降解有机物的过程。在高温好氧发酵过程中,有机物得到快速分解,堆体温度不断升高,可达到50~60℃,能杀死污泥中的大部分病原菌和寄生虫卵,达到无害化的目的。其得到的产品称为堆肥,可以用作土壤改良剂和有机肥料。污泥高温好氧发酵的同时,还应重视污泥重金属和臭气污染的治理,不可顾此失彼。目前,污泥高温好氧堆肥已经在福建、河南、山西等地规模化投产运行。

与欧美日等国家和地区相比,我国污水处理厂污泥的生物稳定化率低,约2 600座污水处理厂中只有近60座配有污泥厌氧消化设施,而其中正常运行的不到20座,配套设施亟待完善。

污泥脱水

污泥脱水主要是将污泥中的吸附水、毛细水和细胞内水分离出来。脱水后污泥的体积大幅度减小,一般可使含水率降低到80%左右,降低了后续污泥处理处置的难度及成本。一般大中型污水处理厂均采用机械脱水。污泥机械脱水主要包括:真空过滤脱水、压滤脱水、离心脱水等。

近年来,污泥脱水技术及装备得到了很大的发展,其突破主要集中在污泥脱水前调理剂的研发和脱水设备的改进等方面,例如将污泥药剂调理与机械脱水相结合。目前,该技术已在制革污水处理厂污泥处理中规模化应用,处理后的污泥含水率可低于50%。采用石灰等无机药剂对污泥进行调理,不但可以提高污泥的脱水效率,还能提高污泥的稳定化程度及卫生条件,有利于污泥的后续处置。

为了进一步提高污泥脱水效率,针对污泥处理处置的脱水瓶颈,人们开发了基于水热干化技术的污泥处理系统(HSBP)。该系统采用水热技术,促使微生物细胞破碎、胶体结构破坏,使得水的束缚势能大幅下降,机械脱水即可将污泥含水率降至40%。

污泥干化焚烧

污泥干化主要有流化床干化、转盘干燥、喷雾干化和空心桨叶式干化等。经过干化处理后,污泥的含水率、臭味、黏度等明显降低,卫生状况显著改善。

污泥焚烧是指污泥在高温、富氧条件下将污泥中的有机物质转化为二氧化碳、水、氮氧化物等。污泥焚烧过程中产生的热量可用于维持反应的温度条件。目前,污泥焚烧多采用流化床工艺,分为固定(鼓泡)流化床焚烧炉、循环流化床焚烧炉和回转式流化床焚烧炉等。近几年,虽然污泥干化设备的国产化发展很快,但质量还有待提高,目前在北京、上海、重庆、深圳、苏州等地,大型化投产的干化项目仍以采用进口设备为主。

在用地紧张、经济较好的大中城市,污泥焚烧应用较广,一般采用干化—焚烧的联用方式,以便提高污泥的热能利用效率。还可以将污泥焚烧厂与垃圾焚烧厂合建,或把污泥送到火电厂、砖瓦厂、水泥窑中混合焚烧,但需要和环保部门协商,并做好环境影响评价和二次污染防治工作。

现阶段污泥焚烧在我国应用较少,主要的应用领域也限于小规模、特殊行业。而且,污泥焚烧成套技术主要由国外几家著名环保公司所掌握,主要焚烧技术采用循环流化床焚烧技术,典型的污泥技术有威立雅污泥焚烧技术、安德里茨干化焚烧技术和西格斯焚烧技术等。对我国的污泥焚烧技术发展而言,存在设备投资大、处理费用高、产生二噁英等剧毒物质的不利因素。

面对上述问题,清华大学开发了一套新型工艺路线,对热水解后的污泥进行高干度脱水,然后将含水率低于60%的污泥进行焚烧,灰渣用于填埋。对污泥脱水过程中产生的高浓度上清液用升流式厌氧污泥床法(UASB)进行厌氧消化,可在更短的停留时间和更高的转化率下得到甲烷能源。

污泥的最终处置

污泥经过减量化、稳定化、无害化处理后,其最终的处置方式有土地利用、填埋和建筑材料综合利用等。土地利用是将污泥以有机肥、基质、腐殖土、营养土等形式用于农业、林业、园林绿化和土壤改良等方面。污泥卫生填埋是目前我国普遍采用的处置方法,但由于脱水污泥的含水率较高、黏性大,填埋场对进场污泥的预处理要求也越来越高。近年来,很多处置污泥的填埋场增设了高干度脱水、固化或石灰稳定设施,来实现污泥有效的卫生填埋。

污泥处理处置技术的发展前景

结合发达国家的先进经验,土地利用将会成为污泥处置的主要方式和鼓励方向,一方面可以作为农作物、牧场草地或园林绿化的肥料使用,另一方面可作为沙荒地、盐碱地、废弃矿区的土壤改良。此外,在欧美地区50%以上的污泥都经过了厌氧消化处理,美国还建设了七百多套好氧发酵处理设施,这些厌氧消化或好氧发酵设施为污泥的土地利用尤其是农用提供了较好的基础。

"十二五"期间,我国有更多的污水处理厂投产运行,进一步扩大了污泥处理处置技术和设备的市场需求。污泥调质和高效脱水,污泥干化、造粒与焚烧,污泥沼气发电,污泥除臭灭菌和重金属稳定化等技术是"十二五"我国污水厂污泥处理处置行业发展的重点。

节能环保产业
JIENENG HUANBAO CHANYE

大气污染防治技术与设备

《"十二五"节能环保产业发展规划》指出：十二五期间，大气污染控制技术和设备要研发推广重点行业烟气脱硝、汽车尾气高效催化转化及工业有机废气治理等技术与装备，示范推广非电行业烟气脱硫技术与装备，改造提升现有燃煤电厂、大中型工业锅炉窑炉烟气脱硫技术与装备，加快先进袋式除尘器、电袋复合式除尘技术及细微粉尘控制技术的示范应用。

钢铁厂

电除尘、袋式除尘及电袋复合除尘技术

火电厂、水泥厂、钢铁厂是烟尘排放的主要来源。控制工业烟尘排放，保护生态环境，意义非常重大。工业烟尘的"克星"主要有电除尘器、布袋除尘器以及电袋复合除尘等。目前，我国火电行业的烟气除尘技术已能满足不同行业各种容量机组的需求，同时在一些特殊领域如高温煤气化方面呈加速发展趋势，但PM2.5及二次颗粒物的高效低成本控制技术尚未完全成熟。

除尘器的原理

电除尘即静电除尘，当含尘气体通过静电场时，尘粒就会被高压静电电离成离子并与负离子结合，随后吸附到正极上而沉积下来。电除尘净化效率高，但其设备比较复杂，且受气体温度、湿度的影响较大。

袋式除尘在工业上的应用有着悠久的历史，早在1881年世界上第一台振动清灰袋式除尘器就已诞生，经过多年的发展派生出振动类、逆气流反吹类、脉冲喷吹类等形式的除尘器。它的原理就是借助滤袋将烟尘中的颗粒物截留下来，在捕集细小、干燥、非纤维性成分方面有着独特的优势。袋式除尘器除尘效率高，且不受粉尘电阻的影响。但最大的缺点是滤袋多由聚苯硫醚纤维等材料制成，容易受排烟温度、烟气含氧量的影响，一般寿命较短。

电袋复合型除尘器，其特点是上游为电除尘，下游为袋除尘，两者为串联结构，布置在同一壳体内。该除尘器工作运行时，含尘烟气先经过电除尘器，烟气中能够电离的粉尘先被截留下来，剩下的少量细粉尘再通过布袋除尘器，以得到进一步净化。

除尘器的应用

"十一五"期间，我国静电除尘器占200兆瓦以上燃煤机组烟气除尘设备的95%以上；袋式除尘器在水泥行业的使用比例达到80%左右，钢铁、有色行业的比例达到95%左右。

脉冲袋式除尘器

静电除尘器方面,针对高比电阻、高温、高湿、高含尘浓度及细微颗粒的控制,我国自行研发了烟气调质技术、新型高效节能电源技术、粉尘凝并技术、湿式静电除尘技术、移动电极技术等增效技术,并已投入工程应用,强化了固定源细微颗粒物及二次颗粒物的控制。

袋式除尘器方面,设备的大型化进展显著,烟气处理量为200万米^3/时以上的大型设备已实现工程应用;实现自主知识产权的大型脉冲阀性能及以强力清灰为特征的脉冲技术的升级,可满足8米以上超长滤袋高强度稳定清灰的要求;开发了可满足不同行业的耐高温、耐腐蚀的聚苯硫醚(PPS)、聚酰亚胺(P84)、聚四氟乙烯(PTFE)、玻纤覆膜等高端滤料。

"十二五"期间,我国对火电厂除尘提出了更高的要求,《火电厂大气污染物排放标准》规定新的烟尘排放限值为30毫克/米^3。为此可采用如下的工艺技术革新方法:

(1)多电场静电除尘结合湿法脱硫的工艺。这种方法对大多数煤质、烟尘比电阻和灰分不太高的情况较适用,市场上已有广泛应用;

(2)静电除尘与袋式除尘相结合形成电袋组合除尘工艺。此方法主要适用于老厂改造,国内已有应用实例。

除尘器的发展方向

电除尘

通过合理选型和新技术的有机组合,对原有的电除尘器进行升级改造,满足新的烟尘排放标准,并降低除尘能耗;进一步加强对高比电阻、高温、高湿、高含尘浓度以及有效聚合微细颗粒控制技术的开发。

研发推广移动极板电除尘器、复式双区电除尘器、圆筒型电除尘器、湿式电除尘器、烟气调质技术以及电凝聚等技术。

研发推广高频电源等高效节能供电电源新技术及智能化控制系统，进一步提高电源系统的稳定性和可靠性。

对电除尘器本体及电源新技术进行合理的优化组合，加强电除尘器运行工艺研究，加速开发电除尘器高效稳定运行的综合技术。

目前，我国国产电除尘器的性能指标已经达到国外同类产品的水平。相对于PM10和PM2.5，电除尘器对PM2.5的去除效率较低。为提高脱除微小颗粒的效率，目前正在研究一种脉冲预荷电直流收尘的复合式除尘系统，可大幅提高微小颗粒的脱除效率。

袋式除尘

利用计算机模拟设计，开发低阻、高效、合理气流分布、安全性能高和快装化的大型袋式除尘主机设备。

开发针对PM10和PM2.5等超细粉尘去除的袋式除尘技术、材料和设备。

实现高强度及耐高温、耐高湿、耐腐蚀的纤维滤袋国产化，重点支持国产聚四氟乙烯、聚酰亚胺、聚苯硫醚、芳纶纤维滤袋的国产化和推广应用。

提高改性玻纤和复合滤料的技术性能，提升滤袋缝制技术水平，研究失效滤袋的回收和综合利用技术。

研究开发高效清灰技术、大口径脉冲阀、无膜片高压低能耗脉冲阀，推广袋式除尘器智能化控制系统。

2010年袋式除尘的总产值为148.13亿元，利润16.85亿元，总产值增加28.36亿元，出口销售额达到2.58亿美元。

电袋复合除尘

电袋复合型除尘器集电除尘和布袋除尘于一体，具有显著的除尘优势。它适用于高比阻粉尘的收集，除尘效率高而且稳定。同时电除尘的预处理减少了滤袋上的含尘浓度和过滤阻力，延长了滤袋的使用寿命。

国内电袋除尘器应用较晚，电袋复合除尘器2005年才首次在电力行业得到应用。目前电袋复合除尘器多用于现有电厂的除尘器改造,以满足更高的排放要求。据不完全统计,2001年以来,国内135兆瓦以上发电机组有六十多台正在使用电袋复合式除尘器。

我国电袋复合除尘已用于660兆瓦燃煤机组,其前级电场预收气体中70%以上的颗粒物,后级袋式除尘装置捕捉剩余颗粒物,特别是对0.01～1微米的气溶胶粒子有极高的捕捉效率。

北京某热电企业1至4号机组原设计均为电除尘器,但烟尘排放浓度不能满足新的国家和地方规定的排放标准,于是将1号、3号的电除尘器改造成新一代高效节能型除尘设备——FE型电袋复合除尘器。结果表明,改造后的除尘器除尘效率明显高于原先的电除尘器,烟尘排放浓度也达到了国家和地方的排放新标准。

"十二五"期间,《火电厂大气污染物排放标准》进一步限制了烟气的排放标准,火电行业除尘器需求旺盛,为除尘产业的快速发展提供了很大的市场空间。电袋复合型除尘器在火电厂老机组设备,尤其是处理要求高的大型设备改造中,具有明显优势,同时在循环流化床和燃用煤矸石干锅等设备的升级改造方面也具有很大的应用潜力。

挥发性有机污染物的治理技术

挥发性有机污染物

挥发性有机污染物(VOCs)是一类广泛存在的污染物质。近年来,我国一些地区光化学烟雾污染时有发生,灰霾污染呈笼罩地域广、持续时间长之态势;随着家装行业的发展,各种室内空气污染事件频繁发生,引起人们的广泛关注。这一外一内两类污染事件的发生都与挥发性有机污染物紧密相关。

挥发性有机污染物通常是指沸点在50～260℃、室温下饱和蒸汽压超过133.322千帕的有机化合物,包括烃类、卤代烃、氧烃和氮烃等。印刷、家具、汽修、涂料、玩具、制鞋、纺织、化工等行业都是挥发性有机污染物的排放大户。部分室内装饰、装修材料如油漆及其溶剂、木材防腐剂、涂料、胶合板等,常温下可以释放出苯、甲苯、二甲苯等多种挥发性有机污染物。此外,挥发性有机物还有许多别的释放途径,化妆品、杀虫剂、洗涤剂的使用,机动车尾气及固体废弃物焚烧所排放的烟气都能产生挥发性有机污染物。由此可见,挥发性有机污染物的来源十分广泛。

挥发性有机污染物的危害

挥发性有机污染物对人体有巨大的危害,这一点早在20世纪70年代就已经开始为人们所关注。那时,美国医学工作者在一项名为"大楼综合征"(指患者在相对密闭的、装修不久的大楼里工作,有头痛、头昏、眼胀和上呼吸道刺激等不适症状,离开大楼后症状缓解,第二天回到大楼办公,上述症状又重现)的研究中发现,大楼里挥发性有机污染物超标是导致"大楼综合征"发生的主要原因。调查发现,一旦挥发性有机污染物浓度低于3毫克/米^{3}时,"大楼综合征"也会随着消失。通过进一步的研究,人们最终发现,在多因素同时暴露时,挥发性有机污染物无效应水平在0.2～0.3毫克/米^3,挥发性有机污染物大于3毫克/米^{3}就会使人

室内污染

感到不舒服,挥发性有机污染物大于 25 毫克/米³ 将出现毒性。

挥发性有机污染物的毒性可概括为非特异毒性和特异毒性。非特异性毒性主要表现为建筑物综合征:即当建筑物中挥发性有机污染物达到一定浓度时,会引起头痛、恶心、呕吐、乏力等症状,严重时甚至引发抽搐、昏迷,伤害肝脏、肾脏、大脑和神经系统,造成记忆力减退等严重后果。特异性毒性则涉及某些挥发性有机污染物和某些 VOCs 单体,它可以导致过敏和癌症。有些特异性毒性效应由挥发性有机污染物的代谢产物引起,如正己烷和某些酮类具有的神经毒性,甲醇产生毒性症状可表现在感官方面(视觉或听觉受损),认知方面(长期和短期的记忆消失、混淆、迷向等),情感方面(神经质、应激性、冷淡症等)和运动功能方面(握力变弱、振颤等)。

美国能源部、环保总署和加州大学等在环境污染的生命风险评价工作中,对导致早卒的各种环境因素作了评价,结果表明:挥发性有机污染物引起的生命风险率为 0.1,与二手烟相当,是自来水污染的 100 倍。由此可见,挥发性有机污染物对人体的健康危害之严重。

挥发性有机污染物的治理

环保部的"十二五"规划中明确指出："加强挥发性有机污染物和有毒废气控制。加强石化行业生产、输送和存储过程挥发性有机污染物排放控制。鼓励使用水性、低毒或低挥发性的有机溶剂,推进精细化工行业有机废气污染治理,加强有机废气回收利用。"可以预见,在"十二五"期间以及今后相当长的一段时期内,我国挥发性有机污染物的治理工作将会得到快速发展,挥发性有机污染物治理技术水平将会得到不断提升,挥发性有机污染物治理产业也将进入快速增长的发展时期。

目前,国内外应对挥发性有机污染物都是采用前端控制和末端治理相结合的方法,而前端控制更为重要,控制得好可以有效缓解末端治理的压力。前端控制主要是加强清洁生产和回收利用,减少挥发性有机污染物的源头排放量,尤其是对集中排放、浓度较高且经济价值较高的挥发性有机物,一定要加以有效回收利用。

挥发性有机污染物的末端控制技术可以分为两大类:即回收技术和销毁技术。

回收技术

回收技术是通过物理的方法,改变温度、压力或采用选择性吸附剂和选择性渗透膜等方法来富集分离有机污染物的方法,主要包括吸附技术、吸收技术、冷凝(及蒸汽平衡)技术及膜分离技术等。回收的有机溶剂可以直接用于质量要求较低的生产工艺,或者集中进行分离提纯。

销毁技术

销毁技术是通过化学或生化反应,用热、光、催化剂或微生物等将有机化合物转变为二氧化碳和水等无毒害无机小分子化合物的方法,主要包括高温焚烧、催化燃烧、生物氧化、低温等离子体破坏和光催化氧化技术等。其中,吸附技术、催化燃烧技术和热力焚烧技术是传统的有机废气治理技术,也仍然是目前应用最为广泛的挥发性有机污染物治理实用技术。

吸收技术由于存在二次污染和安全性差等缺点,目前已经较少使用。在实际应用中,吸收技术只是作为其他治理技术的辅助手段用于废气的前处理和后处理工艺中。在前处理工艺中用于去除一些酸性和碱性无机化合物、漆雾或粉尘;在后处理工艺中用于吸收等离子体破坏后产生的二次污染物等。

由于废气冷凝的成本较高,冷凝技术只是在极高浓度下(通常超过10克/升)直接使用才有意义,在挥发性有机污染物的治理中通常作为吸附技术或催化燃烧技术等的辅助手段使用。对于含高浓度挥发性有机污染物的废气,通常首先采用常温水或低温水对其进行冷凝回收,冷凝后的尾气再进行吸附或催化燃烧处理。这样既可以降低治理成本,又可以降低后处理装置的负荷。对于低浓度的有机废气,当需要进行回收时,可以首先采用吸附浓缩的方法,经吸附浓缩后的高浓度废气再导入冷凝器进行冷凝回收。

挥发性有机污染物的种类繁多,性质各异,排放条件多样,因此在不同的行业、不同的工艺条件下,可以采用不同的挥发性有机污染物废气适用治理技术。

新技术的开发应用

紫外线(UV)光解光催化技术

UV光解光催化技术包括:氨、三甲胺、硫化氢、甲硫氢、甲硫醇、甲硫醚、二甲二硫、二硫化碳和苯乙烯,硫化物、挥发性有机污染物,苯、甲苯、二甲苯等。UV光解光催化技术利用高能高臭氧UV光束照射并裂解有机废气的分子链结构,使有机或无机高分子有机化合物的分子链,在高能UV光束的照射下,降解转变成低分子化合物,如二氧化碳、水等。同时,利用高能UV光束裂解有机废气中细菌的分子键,破坏细菌的脱氧核糖核酸(DNA),再通过臭氧进行氧化反应,彻底达到脱臭及杀灭细菌的目的。

利用高能高臭氧UV光束分解空气中的氧分子产生游离氧,即活性氧,因为游离氧携带的正负电子不平衡,所以需与氧分子结合,进而产生臭氧:

$$UV + O_2 \longrightarrow O + O^* （活性氧）$$

$$O^* + O_2 \longrightarrow O_3 （臭氧）$$

臭氧对有机物具有极强的氧化作用,对恶臭气体及其他刺激性异味有立竿见影的清除效果。

纳米光催化二氧化钛（TiO_2），其作用机制为：纳米光催化剂二氧化钛在特定波长的光的照射下受激生成"电子-空穴"对（一种高能粒子），这种"电子-空穴"对与周围的水、氧气发生作用后，就具有了极强的氧化—还原能力，能将空气中的醛类、烃类等污染物直接分解成无害无味的物质，并可破坏细菌的细胞壁，杀灭细菌并分解其丝网菌体，从而达到消除有机废气污染的目的。

在实际应用中，利用收集排风设备输入到净化设备后，净化设备运用高能 UV 光束、臭氧及纳米光催化二氧化钛等技术组合起来对废气进行协同分解氧化反应，使废气降解转化成无害无味的化合物、水和二氧化碳，再通过排风管道排出。

生物法治理技术

生物法最早被应用于废气脱臭。近年来，随着对有机污染物治理技术研究的不断深入，生物法逐步被应用于有机污染物的治理领域。根据处理运行方式不同，生物处理工艺主要分为生物过滤床、生物洗涤床和生物滴滤床三种形式，但殊途同归，都是利用微生物消化降解有机废气组分。

生物法具有设备简单、投资及运行费用低、无二次污染等优点。但生物法对有机污染物的降解速率较低，只是在处理低浓度有机废气时才具有实用性。此外，由于生物菌种对有机物的消化具有很强的专一性，只有易生物降解的有机物才适合使用生物法进行净化，因此生物法处理有机废气的普适性较差。但由于该技术具有绿色环保和处理费用较低等优点。近年来，生物法处理有机废气的研究工作进展很快，生物菌落和各种填料的开发不断地取得突破，生物法在今后将会成为有机废气治理的主要技术之一。

低温等离子体净化技术

低温等离子体净化技术是近年来发展起来的废气治理新技术。等离子体被称为物质的第四种形态，由电子、离子、自由基和中性粒子组成。低温等离子体有机气体净化就是利用介质放电所产生的等离子体以极快的速度反复轰击废气中的异味气体分子，去激活、电离、裂解废气中的各种成分，通过氧化等一系列复杂的化学反应，打开污染物分子内部的化学键，使复杂的大分子污染物转变为一些小分子的安全物质（如二氧化碳和水），或使有毒有害物质转变为无毒无害或低毒低害物质。

低温等离子体用于废气的净化具有很多优势：首先，由于等离子体反应器几乎没有阻力，系统的动力消耗非常低；然后，低温等离子体装置简单，反应器为模块式结构，造价低，并且容易进行易地搬迁和安装；其次，由于不需要任何预热时间，所以该装置可以即时开启与关闭；再次，该装置所占空间比现有的其他技术更小；最后，抗颗粒物干扰能力强，便于维护。

低温等离子体治理技术的关键，在于等离子体发生器的设计是否合理。作为一项新技术，目前人们对其作用机理的研究还不够充分，针对不同化合物如何有针对性地进行等离子体发生器的设计，目前还没有形成规律性的认识。总体上该技术对有机化合物的净化效率还比较低，一般低于70%，如果反应器设计不当，则净化效率会更低，因而限制了其实际应用。

挥发性有机污染物防治的发展方向

与美、日、欧等发达国家和地区相比，我国工业挥发性有机污染物的治理工作起步较晚。在20世纪90年代初，由于我国制造业的大发展，制鞋等一些行业所产生的挥发性有机污染物的污染对人体健康的影响引起了社会的广泛关注，我国在20世纪90年代出台了臭味和大气污染物综合排放标准后，才开始在一些重点行业进行挥发性有机污染物的治理工作。而在此期间，西方发达国家已经基本上完成了对重点行业的挥发性有机污染物治理工作，并且随着制造业的转移，原料药制造、制鞋、皮革、电子、印刷、家具等一些重污染行业的制造基地，也集中到了我国的沿海地区，这些行业污染严重，治理的成本也相对较高。总体上讲，我国的挥发性有机污染物治理技术的发展比西方发达国家晚了至少20年。

在技术的引进方面，由于以上制造行业的利润率普遍很低，而西方国家的先进技术成本和运行费用又普遍很高，这一低一高，使得大部分的国内企业很少直接引进挥发性有机污染物的污染治理设备或技术。除了治理成本的因素，主要还是由于我国在挥发性有机污染物治理方面的法律法规体系不健全，地方政府的监管不到位，在治理要求上尚未达到先进国家的严格程度。随着我国下一步各种挥发性有机污染物治理技术政策和法律法规体系的出台,国外先进技术的引入和国内外技术的不断融合将是今后的发展趋势。

就单项治理技术而言,经过二十多年的发展,我国在诸如活性碳纤维吸附回收技术、催化燃烧技术等主流治理技术方面已经取得了较大的进展,技术水平有的已经接近了国外的先进水平,而且治理成本低,国外企业难以与国内企业进行竞争。因此,虽然国外的一些企业多年前就已经在开拓我国的挥发性有机污染物治理市场,但除了在一些高端的电子生产企业的污染治理、技术要求高的油气回收设备等方面外,并未取得大的进展。我国将是今后最大的挥发性有机污染物治理市场,国外企业凭借其明显的技术优势和工程设计能力以及先进的管理理念,已采取各种方式开始介入我国市场,给我国的环保企业带来了竞争压力,但这同样是一种机遇,可以大幅推进我国挥发性有机污染物治理技术水平的提升。

企业内部环保设施

柴油机排气净化技术

为了创造出比当时其他驱动设备更高效的发动机,德国工程师鲁道夫·迪赛尔于1893年发明了世界上第一台柴油内燃发动机。

德国工程师迪赛尔和他发明的柴油发动机

早期的柴油发动机因为体积庞大,主要用于轮船和工业,到了20世纪30年代,柴油机凭借循环热效率高、燃油经济性好、二氧化碳排放量低和使用寿命长等优点,逐渐被以柴油机为动力的客车和卡车所普遍接受。并在之后的几十年极其广泛地应用于船舶、铁路、汽车、农业机械、工程机械、军事车辆、发电机组等方面。迄今为止,柴油机仍是热效率最高的热力发动机。但由于柴油机混合气形成和燃烧的固有特点,排气中有害成分较多,主要有颗粒物(PM)、氮氧化物(NO_x)、碳氢化合物(HC)、一氧化碳(CO)、二氧化硫(SO_2)等,易使人出现头晕、恶心等症状,或引起血液缺氧和呼吸道疾病等。

柴油机排气后处理净化技术

总的来说,控制柴油机尾气污染排放可以从改进发动机、提高柴油品质和排气末端处理这三条途径着手。借助改进发动机和提高柴油品质,已使颗粒物和氮氧化物排放减少约 90%，从而满足了现行柴油机的排放要求。但是，发动机改进技术在降低氮氧化物和颗粒物方面存在此消彼长的关系，即降低氮氧化物排放会导致颗粒物排放增大，而降低颗粒物排放却会导致氮氧化物的排放增长。提高柴油品质在一定程度上受制于石油冶炼技术。因此，在改进发动机、提高柴油品质已经难以再完善时，排气末端处理作为控制柴油机尾气污染排放的关键措施就显得尤为重要了。

排气颗粒物后处理技术

作为柴油机排气的首要污染物质，颗粒物的主要成分是未燃碳粒；此外，由于吸附、凝结等作用，碳粒表面还附着可溶性有机化合物、水和硫酸盐等，柴油机颗粒物结构如下图所示。

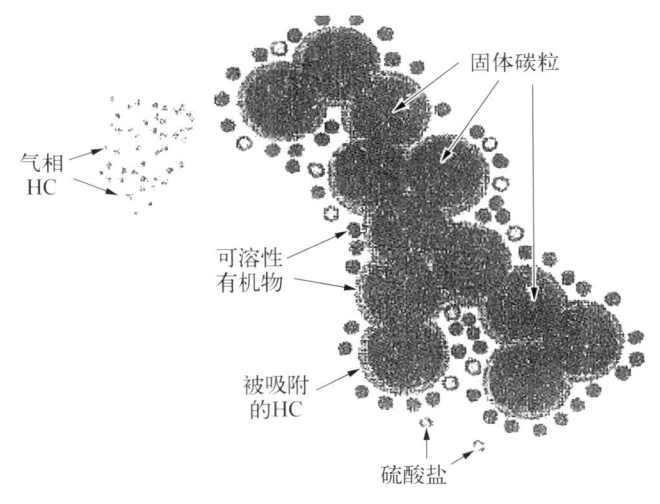

柴油机颗粒排放物

柴油机颗粒物后处理技术包括催化氧化和过滤。利用催化氧化技术减少载重车和城市公交车柴油机尾气颗粒物排放，始于 20 世纪 90 年代初。催化剂为蜂窝整体直通式，主要活性成分是贵金属。这种催化剂能部分氧化去除排气颗粒物的可溶性有机组分以及气态污染物碳氢化合物和一氧化碳。去除效果与发动机负荷、排气温度和燃料含硫量密切相关。发动机负荷低时，颗粒物中的可溶性有机组分含量高，催化氧化降低颗粒物排放效果明显；而发动机负荷高时，颗粒物中的可溶性有机组分含量低，催化氧化降低颗粒物排放效果较弱。在常规的工况条件下,典型的颗粒物排放降低值为20%~50%,而且随着排气温度提高,降低率增大。但排气温度提高也会导致三氧化硫和硫酸盐排放增加。燃料含硫量也是影响这类催化剂性能的主要因素。

过滤是降低颗粒物排放的最直接方法。过滤器包括壁流蜂窝陶瓷整体、陶瓷泡沫、陶瓷纤维、金属纤维和金属线网等。其过滤形式和效率如下表所示。

过滤器类型及典型效率

过滤形式	表面过滤			深床过滤	
过滤器类型	壁流陶瓷整体	陶瓷纤维	陶瓷泡沫	金属线圈	金属纤维
过滤效率(%)	60~95	70~99	40~70	20~50	50~80

目前,对壁流蜂窝陶瓷整体过滤器的研究最为充分,且早已商业化。由于蜂窝孔道两端交替堵塞,气流从进气端进入蜂窝孔后,穿过孔壁从另一端排出,颗粒物被阻留在孔壁表面。

无论采用何种形式的过滤器,其原理都是借助惯性碰撞、截留、扩散和重力沉降等机制将颗粒物从气流中分离出来。随着颗粒物在滤料表面和床层的堆积,过滤阻力将增大。为了防止过滤器背压过高影响发动机正常工作,必须对过滤器进行再生处理。再生技术有非催化和催化两种。非催化再生的原理是周期性提高温度,促使碳料燃烧。具体方法包括过滤器前置燃烧

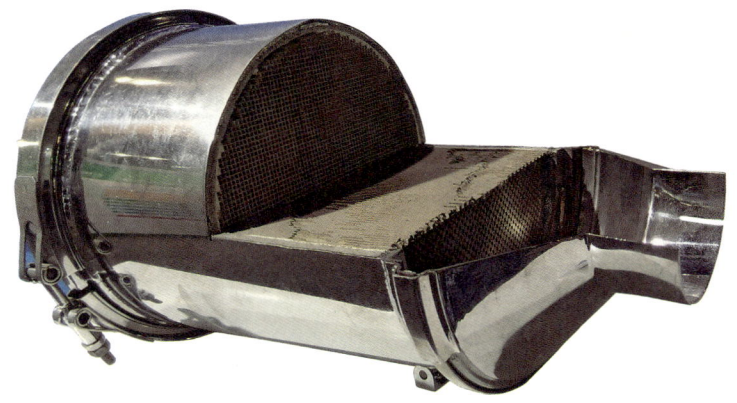

带选择性还原催化剂的颗粒捕集器

器、电加热器、增大尾气碳氢化合物含量和微波辐射等；此外，逆流吹扫也被认为是一种有效的方法。催化再生是在过滤器表面涂覆催化剂或向气流中喷入催化剂，使碳粒在较低温度下氧化。

除过滤之外，人们还对静电及静电旋风等技术捕集去除柴油机颗粒物的效果进行了探索性研究。结果表明，借助高压脉冲静电作用不仅能较好地捕集柴油机排气颗粒物，而且对尾气中的碳氢化合物和氮氧化物也有一定的去除作用。静电旋风捕集器具有排气阻力小、清灰简单等优势。

排气氮氧化物后处理技术

柴油机排气中氮氧化物比汽油机低，但由于柴油机机内氮氧化物控制与颗粒物控制存在此消彼长效应，而机外的氮氧化物控制又因排气中含有大量氧气而变得非常困难。实际上，正是由于富氧条件下净化氮氧化物的挑战性，使得柴油机和稀燃汽油机排气氮氧化物的净化处理成为最近十多年来学术界和汽车制造业的研究热点。柴油机排气氮氧化物的主要成分是一氧化氮，基于一氧化氮分解的热力学可能性，人们曾试图用催化分解方法使一氧化氮转化为氮气和氧气。但是在氧气和二氧化硫的作用下，催化剂很快失活，因而这种方法的实用前景渺茫。目前，柴油机排气氮氧化物净化研究主要是从选择性催化还原（SCR）和吸附—催化还原这两条技术路线入手。

选择性催化还原已在治理发电厂锅炉的氮氧化物排放中得到了成功应用，对固定工况运转的大型柴油机也有不少应用实例，但是最近几年才应用到机动车排放控制上。SCR作为最有希望满足欧洲柴油机氮氧化物将来排放标准的方法，人们已经对之进行了大量的研究开发工作，SCR在国外已经开始投入实际使用。

SCR系统由尿素储存罐、尿素喷射系统和催化器组成。其系统示意图如下所示。这套系统在工作时，氧化催化器装置（OX）可把碳氢化合物、一氧化碳、一氧化氮氧化成二氧化氮、水、二氧化碳。然后将尿素溶液喷入氧化后的废气流中，通过水解催化器（HY），尿素迅速水解释放出氨，氨再与废气中的氮氧化物作用，利用SCR催化还原装置把氮氧化物还原成氮气和水，最终排入大气。

SCR系统与发动机控制策略的匹配是技术的关键。因为良好的控制策

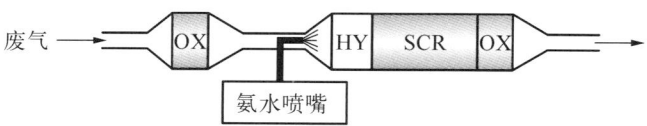

选择性催化还原(SCR)系统示意图

略可以使氨气/氮氧化物尽量接近理论比,提高 SCR 系统的转化效率,还可以防止过量的氨气逸出。该系统在欧Ⅳ及欧Ⅴ上的使用策略,是通过发动机调整降低颗粒物的排放,然后通过 SCR 系统减少氮氧化物来满足排放法规标准。这种方法可以使 SCR 系统提高至少 6% 的燃油经济性,并可经氮氧化物、氨和尿素传感器实现系统的闭环控制,提高系统的转化效率和性能,转化效率可以高达 95%。

SCR 的一个很大优点在于它对硫不是很敏感,对于满足欧Ⅲ标准的燃油,应用于装有 SCR 的车辆时,可使其排放达到欧Ⅳ标准。除此之外,SCR 系统还有反应温度较低,催化剂不含贵金属,寿命长等优点。而难点在于:SCR 系统成本太高,大约是车辆成本的 3%~5%;安装转换器和尿素储存罐所需的空间等问题,使其在轻型车上很难推广使用。而且尿素供给的基础设施建设,尿素供液器的密封性,防止司机故意不加尿素行驶等行为也是需要考虑的问题。

SCR 在重型柴油车上的应用有着光明的前景。现在欧洲戴姆勒-克莱斯勒、沃尔沃、依维柯公司等明确表示装载柴油机的商用车已采用了 SCR 系统进行尾气净化。

吸附—催化还原氮氧化物是基于发动机周期性进行稀燃和富燃工作的一种氮氧化物净化技术。在稀燃阶段将氮氧化物吸附储存起来,而在短暂的富燃阶段,氮氧化物释放并被排气中的碳氢化合物还原。其催化剂构成除增加了钡(Ba)之类的碱土金属氧化物氮氧化物吸附剂外,其他成分类似于常规三效催化剂;氮氧化物还原活性成分是铂(Pt)和铑(Rh)等。影响吸附—还原催化剂性能的主要因素是吸附剂在柴油机尾气温度下吸附氮氧化物的容量,以及其抗二氧化硫和二氧化碳毒害的能力,提高这两方面的性能是今后的努力目标。对于超低硫燃料,现有的吸附—催化还原技术可将氮氧化物降低90%,但燃料经济性也会因此降低,适用于高含硫量燃料的吸附—催化技术目前尚在开发之中。

除了上述颗粒物催化氧化和过滤技术以及选择性还原氮氧化物和吸附—催化还原氮氧化物技术之外,人们对同时净化颗粒物和氮氧化物的技术也进行了研究。结果表明,在钙钛和贵金属催化剂上,碳粒能还原氮氧化物。借助等离子体耦合催化技术可使颗粒物去除率达70%,氮氧化物去除率达30%。日本丰田公司开发出"四效催化剂",有望在同一种催化剂上同时净化颗粒物、一氧化氮、一氧化碳和碳氢化合物。

柴油机排气净化技术的展望

近年来,我国柴油机市场得到了越来越大的发展,尾气排放成为人们普遍关注的问题。由于国Ⅳ排放标准要求柴油车继续降低颗粒物或氮氧化物的排放量,原有仅通过改造发动机本身已无法满足要求,国Ⅳ柴油车必须加装尾气后处理系统才能达标,预计柴油车尾气处理系统市场规模将达140亿元/年。为达到高标准的排放要求,尽快与国际接轨,还需要发展新的尾气净化技术。如上所述,各种机外净化技术具有各自优势的同时也都存在一些问题,柴油机排气的特点决定了其达到欧洲Ⅳ/Ⅴ排放标准是一个系统性的工作,需要各种技术的有效结合才能最终实现。

脱硫脱硝技术

在今后相当长的时期内,我国以煤为主的能源供应与消耗格局将不会改变。因此,火电厂及相关行业仍然是我国硫氧化物和氮氧化物的主要排放源。其中,火电厂的烟尘、二氧化硫、氮氧化物的排放量均列所有固定源之首。如果不加以控制,我国未来的酸雨污染可能将由硫酸型向硫酸/硝酸复合型发展,烟气脱硫脱硝的任务十分急迫。

"十一五"是我国火电厂大气污染控制和治理发展历程中具有重要意义的五年,在此期间我国《火电厂大气污染物排放标准》(GB13223-2003)全面实施,并逐渐向更为严格的排放标准(GB13223-2011)过渡。排放标准的执行和更替引发了火电污染控制和治理技术及市场的大发展。"十一五"期间,我国火电脱硫装机比重由12%快速提高到82.6%,二氧化硫排放总量比

酸雨污染后的森林

2005年下降14.29%,超额完成了二氧化硫减排任务。根据国家节能减排办公室的部署,"十二五"期间,我国二氧化硫和氮氧化物排放量要在"十一五"的基础上进一步削减8%和10%。

在火电厂脱硫脱硝领域,2010年全国脱硫脱硝行业企业总数为70~80家,全年总产值约60亿元,比2009年增长约10%;利税总额约3.5亿元,比2009年增长3%;利润率约5%,其中脱硝行业的利润率略高于脱硫行业,设备制造及运营业的利润率略高于工程服务业。

在政策引导和技术改进的双重作用之下,"十一五"期间,我国火电除尘产业稳定发展、火电脱硫产业异军突起,而火电脱硝产业已展现出爆发式增长的迹象。

火电厂的大气污染

脱硫技术简介

目前国内外已开发出多种烟气脱硫技术(FGD),具有实用价值的工艺有十几种,分别适应不同的场合和要求。根据脱硫产物是否回收,可分为抛弃法和回收法。根据净化的原理,可将烟气脱硫分为吸收法、吸附法和催化转换法。而根据脱硫反应物和脱硫产物的存在状态,又可分为湿法、干法和半干法。湿法脱硫技术主要包括石灰(石灰石)法、双碱法、钠法、镁法、氨法、海水法、磷铵肥法等；干法脱硫技术主要包括活性炭吸附法、电子束照射法、等离子体脱硫法、催化氧化和还原法等；半干法脱硫技术主要包括烟气循环流化床技术、喷雾干燥、炉内喷钙/增湿活化脱硫技术等。

湿法脱硫是基于溶液中的碱性物质与溶解于水的气态二氧化硫即亚硫酸(H_2SO_3)进行中和反应，以达到去除二氧化硫的目的，由于液相反应强度大大高于气相和固相，因此湿法脱硫比干法、半干法脱硫的效率高，应用也最为广泛，占全世界装置总量的95%以上。

在2009年3月6日颁布的《工业锅炉及炉窑湿法烟气脱硫工程技术规范》(HJ462-2009)中，出现的4种用于工业锅炉的湿法脱硫技术，分别是：石灰法、石灰石法、双碱法和氧化镁法。这4种方法属国家环保部认可的用于工业锅炉及炉窑的湿法脱硫工艺技术。这里我们着重介绍钠钙双碱法脱硫技术与氧化镁法脱硫技术。

双碱法脱硫技术

双碱法是先用碱性溶液作为吸收剂，然后将吸收二氧化硫后的吸收液用石灰石或石灰进行再生，再生后吸收液可循环使用。由于在吸收和吸收液的再生处理中使用了不同的碱，故称为双碱法。双碱法具有明显的优点，由于采用溶液吸收，从而克服了湿式石灰/石灰石-石膏法中结垢的缺点，不存在结垢的料浆堵塞等问题；另外，副产品石膏的纯度较高，应用范围也更广泛。双碱法的种类很多，如钠钙双碱法、碱性硫酸铝-石膏法等。

钠钙双碱法是以碳酸钠或氢氧化钠溶液为吸收液，吸收烟气中的二氧化硫，然后再用石灰或石灰石处理吸收液，副产品为石膏。该技术投资成本低、技术成熟、运行稳定，是目前国内使用广泛、比较理想的脱硫技术。

本工艺流程即以钠基(碳酸钠、氢氧化钠)洗涤液进入塔体吸收硫氧化物，出塔液用钙基(氢氧化钙、碳酸钙)乳液苛化再生，并固化亚硫酸根实施渣水分离后，再入塔循环。钠基可以再生，故消耗很少。工艺流程主要包括三部分：烟气流程、脱硫液流程和脱硫渣处理流程。

烟气流程 锅炉烟气通过除尘器进行除尘，经过引风机后进入脱硫系统中，烟气先经过预脱硫和进一步除尘，然后进入高效脱硫塔，在塔内完成脱硫

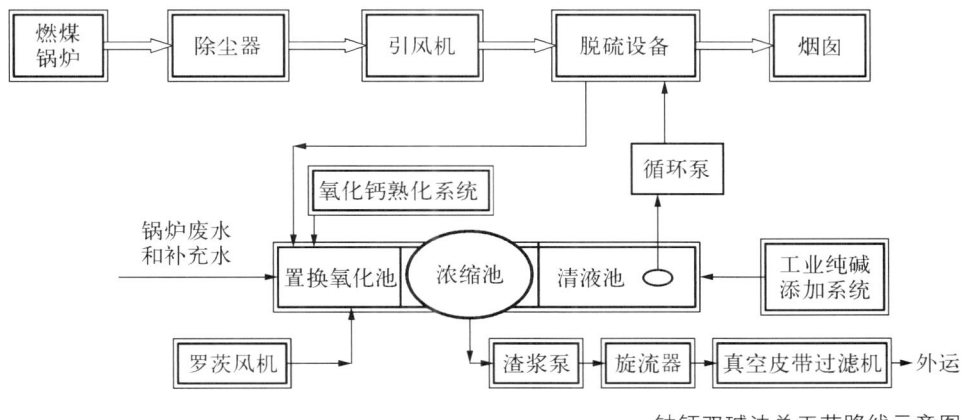

钠钙双碱法总工艺路线示意图

洗涤,净化后的烟气由塔内除雾器除雾脱水后从烟囱排空。

循环脱硫液工艺流程 脱硫液(钠盐)在高效脱硫塔内与二氧化硫充分接触、反应后,经塔底流入置换氧化池,与石灰浆液进行再生置换反应。产生脱硫渣并沉淀,从底部直接在氧化空气的作用下流入浓缩池,让稳定化合物沉淀。上清液进入综合调节池中补充一定量的钠碱液,由循环水泵泵入脱硫塔反复使用。整个脱硫液循环系统闭路循环,没有废水外排,不会产生二次污染。

脱硫渣处理工艺流程 脱硫液在置换沉淀池再生后,钠碱得到再生,再生后直接进行氧化,使不稳定的亚硫酸钙氧化生成稳定的硫酸钙,通过氧化曝气管的冲击进入浓缩池,沉淀后通过渣浆泵泵至水力旋流器,再进入真空皮带过滤机。由于前面的除尘器除尘效率可以达到 99% 以上,烟气中的含尘量在 50 毫克/米^3 左右,通过脱硫系统的进一步除尘,小部分粉尘(20~30 毫克/米^3)随脱硫的副产物——硫酸钙一起排出,使硫酸钙的纯度降低,可以考虑直接外运抛弃。还可通过筛选处理后作为建筑材料如制砖、水泥添加剂、混凝土骨料、人行道砖等使用。

氧化镁法脱硫技术

氧化镁湿法烟气脱硫是采用廉价、低品位的工业用氧化镁(含 85% 的氧化镁)为脱硫剂的脱硫技术,主要分为再生法、抛弃法与回收法。镁法脱硫早在 20 世纪 80 年代即已有商业运行。继美国、日本以及波兰等国之后,我国近年来也有工业应用。

再生法 氧化镁浆液在脱硫塔中与烟气中的二氧化硫反应后生成亚硫酸镁,将一部分亚硫酸镁溶液抽出浓缩后再经过高温煅烧,生成氧化镁和二氧化硫富气。再生的氧化镁继续循环利用,二氧化硫富气可用来制造硫酸或硫磺,实现资源的循环利用。

抛弃法 采用整个工艺抑制氧化,产生的副产物为亚硫酸镁、亚硫酸氢镁并且外运抛弃的方法为抛弃法。

回收法 在抛弃法的基础上,对产生的副产物亚硫酸镁、亚硫酸氢镁经过再处理后回收,回收产物主要为硫酸镁,可以作为镁肥。

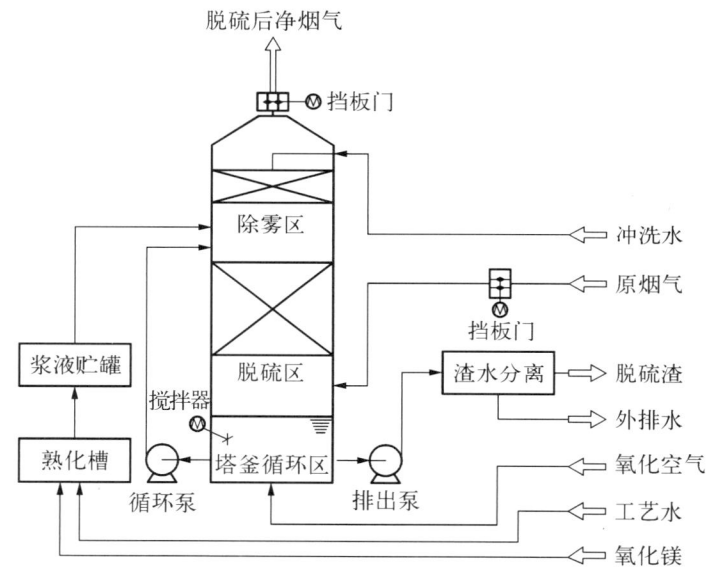

氧化镁法脱硫工艺路线示意图

化学吸收主要利用二氧化硫、碱性溶液的化学特性进行下列化学反应:

$$SO_2 + H_2O \longrightarrow H_2SO_3$$

$$MgO + H_2O \longrightarrow Mg(OH)_2$$

$$H_2SO_3 + Mg(OH)_2 \longrightarrow MgSO_3 \downarrow + 2H_2O$$

氧化镁脱硫技术是一种成熟的脱硫工艺,在世界各地都有非常多的应用业绩,在我国部分地区已经有了应用的业绩。我国氧化镁的储量十分可观,占全世界的80%左右,完全能够作为脱硫剂应用于锅炉的脱硫系统中。

氧化镁在化学反应活性方面要远远大于钙基脱硫剂,并且由于氧化镁的分子量比碳酸钙和氧化钙都小。因此其他条件相同的情况下,氧化镁的脱硫效率要高于钙法的脱硫效率。一般情况下,氧化镁的脱硫效率可达到95%～98%,而石灰石/石膏法的脱硫效率仅达到90%～95%。

由于氧化镁作为脱硫本身有其独特的优越性,因此吸收塔的结构设计、循环浆液量的大小、系统的整体规模、设备的功率都可以相应较小,这样一来,整个脱硫系统的投资费用可以降低20%以上。

镁法脱硫比钙法有着更高的脱硫活性和不易结垢的特点,能保证整个脱硫系统能够安全有效地运行;由于产生的液气在5升/米^{3}以下,因此水电动力消耗少。

脱硝技术简介

燃煤锅炉常用的脱硝技术可分为炉内脱硝和烟气脱硝。炉内脱硝主要是在燃烧过程中抑制氮氧化物生成,即低氮氧化物燃烧技术;烟气脱硝主要是对燃烧生成后的氮氧化物进行脱除,即烟气脱硝技术。

采用低氮氧化物燃烧技术,是降低燃煤锅炉的氮氧化物排放值最主要也是比较经济的技术措施。但是通常低氮氧化物燃烧技术只能降低氮氧化物排放值的30%～50%,要进一步降低氮氧化物的排放,必须采用烟气脱硝技术。

目前燃煤电厂成熟应用的烟气脱硝技术主要有选择性催化剂还原法(SCR)、选择性非催化还原法(SNCR)、电子束照射法和同时脱硫脱硝法。

选择性催化还原法(SCR)

SCR技术最早是在20世纪50年代由美国人首先提出来的,美国Eegelhard公司于1959年申请了该技术的发明专利,1972年在日本开始正式研究和开发,并于1978年实现了工业化应用。经过二十多年的发展和完善,SCR成为工业上应用最广的一种烟气脱硝技术,可应用于电站锅炉、工业锅炉、燃油、气锅炉、内燃机、化工厂,以及炼钢厂,脱硝效率可高达90%以上,由于此法效率较高,是目前最好的可以广泛应用于固定源氮氧化物治理的脱硝技术。

SCR 烟气脱硝原理：在催化剂的作用下，向 280～420℃的烟气中喷入氨，将一氧化氮和二氧化氮还原成氮气和水。化学反应方程式如下：

$$4NO + 4NH_3 + O_2 \longrightarrow 4N_2 + 6H_2O$$

$$6NO + 4NH_3 \longrightarrow 5N_2 + 6H_2O$$

$$6NO_2 + 8NH_3 \longrightarrow 7NO_2 + 12H_2O$$

$$2NO_2 + 4NH_3 + O_2 \longrightarrow 3N_2 + 6H_2O$$

烟气中 90% 以上的氮氧化物是以一氧化氮形式存在的。在反应过程中，由于氨可以选择性地和氮氧化物反应生成氮气和水，而不是被氧气所氧化，因此反应被称为具有"选择性"。工业应用中 SCR 常用的还原剂有氨水、液氨和尿素，在用尿素做还原剂时通常是采用热解或水解的方法将尿素溶液热解为含有氨的气体再喷入到 SCR 反应室烟道中。SCR 烟气脱硝反应原理如下图所示。

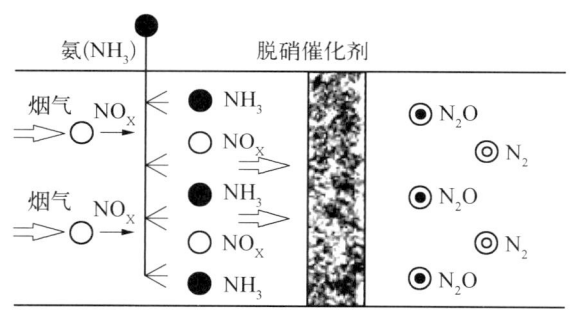

SCR 催化反应原理示意图

SCR 烟气脱硝工艺流程示意图如第 69 页图中所示。

SCR 脱硝技术具有技术成熟、脱硝效率高的特点，已经在多个国家得到了广泛的应用。随着我国环保标准的日益严格，国内现有的脱硝技术越来越难适应新的环保要求，因此高效的 SCR 技术在国内将会得到广泛的应用。随着我国经济实力的增强，电厂脱硝必将成为电站环保治理继脱硫后的重点，国内许多公司也看好这个市场，纷纷展开该领域的技术合作，加快这方面的技术引进和研发工作。SCR 技术的更多应用，对于高效治理电厂的氮氧

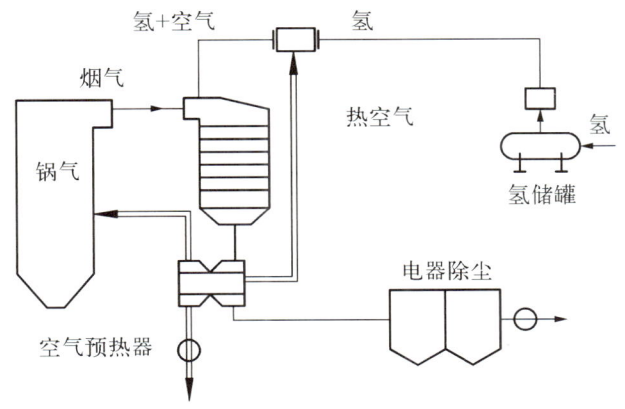

SCR烟气脱硝工艺流程示意图

化物排放污染、保护环境无疑具有十分重要的意义。

多种污染物协同去除技术一体化应用与展望

将脱硫和脱硝组合起来形成一体化工艺设备,可有效降低占地面积和投资费用,提高运行效率,便于操作管理。科技部将烟气同时脱硫脱硝一体化技术开发列入了"863"重大研究计划。

"十一五"期间,我国在湿法同时脱硫脱硝技术方面有一定的研究,氧化-吸收湿法联合脱硫脱硝技术、氨法同时脱硫脱硝技术、尿素添加剂湿法同时脱硫脱硝技术均有较好的应用前景,不过大多还处于研究探索阶段,推广应用较少。目前,烟气脱硫脱硝一体化技术是控制烟气中二氧化硫和氮氧化物最为有效的途径。其中活性焦吸附法、烟气循环流化床法等还同时能达到脱汞的目的,为真正实现多污染控制技术奠定了基础。鉴于同时脱硫脱氮一体化技术具有良好的经济性和灵活的技术选择性,且国内外的研究尚不充分,我国应充分重视并加大该方面的研究。从我国实际情况来看,二次污染少、容易实施的烟气同时脱硫脱氮工艺将是我国今后烟气污染治理的一个重要发展方向。

节能环保产业
JIENENG HUANBAO CHANYE

固体废弃物处理技术与设备

垃圾焚烧处理技术

《"十二五"节能环保产业发展规划》指出,"十二五"期间,垃圾处理技术和设备主要是研发渗滤液处理技术与装备,示范推广大型焚烧发电及烟气净化系统、中小型焚烧炉高效处理技术、大型填埋场沼气回收及发电技术和装备,大力推广生活垃圾预处理技术装备。另一方面,要加快研发重金属、危险化学品、持久性有机污染物、放射源等污染土壤的治理技术与装备。

我国城市生活垃圾产量巨大,其累计堆存量已达70亿吨,而且还在以平均每年4.8%的速度持续增长,许多城市都遭遇着"垃圾围城"的困扰。目前我国城市生活垃圾处理以填埋为主,但垃圾填埋受到土地资源的严重制约,很多城市的生活垃圾填埋场已经或接近饱和,无法规划建设新的填埋场。在此形势下,城市生活垃圾的焚烧法处理逐渐发展起来。

城市生活垃圾焚烧是将可燃性的垃圾与氧气在高温下发生燃烧反应,实现减量化、无害化及资源化处理。通过焚烧处理,垃圾的体积可减少80%~95%,固态残余物为化学性质比较稳定的无机质灰渣。生活垃圾焚烧过程能产生可观的热量,可以回收并用来发电。

其实,城市生活垃圾的焚烧法处理在欧美日等国家和地区早已有应用。日本的土地资源极其紧张,2010年,日本有79%的城市生活垃圾是采用焚烧法处理的,其垃圾焚烧厂共有1221座。美国有11.7%的城市生活垃圾是进行焚烧处理的,其垃圾焚烧厂也有86座。截至2010年下半年,我国城市、县及部分城镇共建成生活垃圾无害化处理设施849座,其中卫生填埋场676座,堆肥厂7座,焚烧厂90座,综合处理厂76座。随着"垃圾围城"问题的逐年加剧,我国城市生活垃圾焚烧处理的比例将进一步提高。

垃圾焚烧厂的处理工序主要由垃圾焚烧、热能利用、烟气净化及飞灰处理和处置等部分组成。

垃圾处理厂

垃圾焚烧

焚烧炉是垃圾焚烧系统的核心设备。按焚烧室可分为单室焚烧炉和多室焚烧炉；按炉型可分为机械炉排炉、循环流化床炉、旋转窑炉、模组式固定床焚烧炉等。目前，我国主要采用机械炉排炉和循环流化床炉。

机械炉排炉是目前国内外最常用的城市生活垃圾焚烧炉型，可实现焚烧操作的连续化、自动化，其主要特点是垃圾进料不需要严格的预处理，且比较适用于高灰分、低热值的城市生活垃圾。按炉排不同，可将机械炉排炉分为链条式、阶梯往复式、多段滚动式等，其中，我国生产的中小型焚烧炉大多为链条式或阶梯往复式。

循环流化床焚烧炉的原理是采用热风将垃圾吹起来进行悬浮燃烧，让空气中的氧气与垃圾充分接触，以提高垃圾的燃烧效能和减少二次污染。该焚烧法对成分复杂、热值低、水分高的城市生活垃圾有较好的适用性。近年来，国内外开发了新型供风系统，满足了均匀进料和快速排渣的要求，进一步提高了焚烧炉的运行效能。

与循环流化床焚烧炉相比，机械炉排炉对进料垃圾只需简单预处理，无须分拣大块垃圾，其焚烧也更加彻底，产生的灰渣和二噁英也更少。机械炉排炉处理每吨垃圾的设备投资为50万～80万元，循环流化床焚烧炉处理每吨垃圾的设备投资约为30万元。

近年来，针对我国生活垃圾高水分、低热值、成分复杂等特点，一些单位成功开发出新型二段往复式生活垃圾焚烧炉排，可有效降低灰渣的热灼减率，且对未进行堆存脱水的新生垃圾也能够稳定焚烧，达到了国际先进水平。目前，这种焚烧设备的最大单台处理能力达600吨/日，已在示范工程中稳定运行。

热能利用

垃圾焚烧热能可以直接利用，也可以用来发电。直接利用指的是垃圾焚烧产生的烟气余热通过余热锅炉或其他热交换器，转化成一定压力和温度的

维也纳垃圾焚烧厂

热水、蒸汽以及一定温度的助燃空气,直接提供给外界。将预热后的助燃空气充入焚烧炉体,可以促进垃圾的快速焚烧,并提高焚烧炉体内可有效利用的热量。余热产生的热水、蒸汽可用来取暖、炊事和淋浴等,满足焚烧厂自身的生产和生活需要。

垃圾焚烧发电是将焚烧产生的热能经过余热锅炉转化为蒸汽,再由汽轮机、发电机转化为电能的过程。国内目前已建立的生活垃圾发电设施大都采用国外垃圾焚烧设备和国产中小型汽轮发电机组。近年来,随着汽轮发电机组发展成熟,垃圾焚烧发电得到了广泛应用,如秦皇岛灵海发电有限责任公司自建成投产以来,对秦皇岛生活垃圾进行了无害化、资源化处理,公司设计日焚烧垃圾 1 000 吨,配两台 9 000 千瓦凝汽式发电机组。试运行以来,已累计处理生活垃圾 29 万吨,发电 6 507 万千瓦·时,月平均发电量达 500 万千瓦·时。

烟气净化

垃圾焚烧烟气中的污染物可分为颗粒物(粉尘)、酸性气体(硫氧化物、氮氧化物等)、重金属(汞、铅等)和有机剧毒性污染物(二噁英等)四大类。

垃圾焚烧炉的烟气净化技术很多,其中,半干法是介于湿法和干法之间的一种工艺,它利用高效雾化器将消石灰泥浆喷入干燥的吸收塔中,使其与酸性气体充分接触并发生反应,去除烟气中的酸性污染物。该技术具有净化效率高,投资和运行费用低,流程简单,不产生废水,无须对反应产物进行二次处理等优点,被美国环保局定为生活垃圾焚烧烟气净化最佳工艺。目前,我国上海江桥、天津双港、江苏太仓等垃圾焚烧厂都是采用半干法烟气净化系统。另外,把半干法与袋式除尘相结合,可以有效去除烟气中的固体颗粒、硫氧化物、氯化氢、重金属、二噁英及呋喃等有害物质。喷头是这种净化系统中的关键部件,目前我国多引进国外产品,国产化研发急需加强。

灰渣处理与处置及利用

2009 年,我国已建城市生活垃圾焚烧设施的日处理能力为 7.37 万吨,焚烧飞灰年产生量达 67 万~111 万吨。垃圾焚烧飞灰无害化处理的难点在于同时控制重金属和二噁英类污染物。事实上，到目前为止，我国各种固体废弃物燃烧厂产生的飞灰基本上没有得到安全处置，有相当数量的飞灰逃避了监管，直接进入环境。

将飞灰进行固化、稳定化预处理，然后进行卫生填埋是适合现阶段我国国情的方法。在此基础上开展焚烧飞灰的处置、利用技术开发已经取得了长足进展，主要有常温处理技术和热化学处理技术。常温处理技术主要包括水泥固化稳定和螯合剂固化。水泥固化工艺成熟，处理成本低，但其占地面积大，操作过程难以控制。单纯的热化学处理依据处理温度的不同可以分为烧结和熔融。熔融固化是目前公认的一种最稳定、最安全的方法，但是成本高，在发达国家应用较为普遍。

深圳市焚烧飞灰处理示范工程处理规模为 36 吨/日，采用高分子螯合剂处理飞灰，实现飞灰无害化填埋。飞灰填埋过程中，还可利用土聚物稳定化和加速碳酸化稳定化等技术降低其重金属浸出毒性和减少二氧化碳的排放量。

焚烧飞灰资源化利用的主要产品包括硫酸铝盐水泥、微晶玻璃、熔岩材料、透水砖、道路级配材等。

城市垃圾焚烧处理技术的发展前景

《"十二五"全国城镇生活垃圾无害化处理设施建设规划》规定，"十二五"期间，规划新增生活垃圾无害化处理能力为 58 万吨/日，到 2015 年，我国城镇生活垃圾焚烧处理设施能力达到处理总能力的 35% 以上，其中东部地区达到 48% 以上。而 2010 年我国城镇生活垃圾处理设施采用焚烧技术的仅占 20%，这为垃圾焚烧的发展提供了广大的市场空间。同时，该规划提出，"十二五"期间，我国城镇生活垃圾无害化处理设施建设的总投资约 2 636 亿元。我国《"十二五"节能环保产业发展规划》也进一步明确了垃圾焚烧技术的市场前景。

土壤污染修复

"中毒"的土壤

近年来,我国土壤污染事件频发,土壤污染修复也渐渐为人们所重视。造成土壤污染的原因有很多,如工业污泥随意堆放、垃圾农用、污水灌溉、大气污染物沉降,大量使用含重金属的矿质化肥和农药等。与大气、水和垃圾污染相比,土壤污染更为"狡猾",就像人得癌症一样,具有潜在性、隐蔽性和滞后性。土壤污染物的富集与释放过程十分漫长,一旦土壤"中毒",其毒性释放可达几十年到上百年,如日本土壤镉污染造成的"痛痛病"就给日本人民带来了切肤之痛,迄今受污染的土壤也没完全得到"根治"。

"万物土中生",土壤如果被污染,人们终将自食其果。目前我国受污染的土壤面积已占耕地面积的20%左右,总面积超过2 000万公顷,严重威胁着人民的食物安全和身体健康。鉴于此,"净土"行动显得尤为迫切。

土壤修复的良方

经过十多年来在全球范围的研究与应用,目前已形成了包括物理修复、化学修复、生物修复及其联合修复技术在内的污染土壤修复技术体系,并积累了不同污染类型场地土壤综合修复经验。

土壤物理修复

土壤物理修复是指通过物理过程将污染物(特别是有机污染物)从土壤中去除或分离的技术。其中,热处理技术广泛应用于工业企业场地土壤的有机污染,包括热脱附、微波加热和蒸气浸提等技术,常用来修复苯系物、多环芳烃、多氯联苯或二噁英等污染的土壤。

热脱附 这种方法是依靠直接或间接的热交换,将土壤中有机污染物加热到足够高的温度后,使其蒸发并与土壤相分离的过程。热脱附技术因为处理污染物范围宽、设备可移动等优点,在欧美国家已经实现了工程化,并广泛用于高污染的场地有机污染土壤的离位或原位修复。但其设备昂贵，如果要大范围普及推广，还需进一步优化工艺，并研发相关的自动化成套设备。

土壤蒸气浸提技术（SVE） 该技术是去除土壤中挥发性有机污染物（VOCs）的一种原位修复技术。就像狂风扫落叶一样，先将新鲜空气注入污染区域，再靠真空泵产生负压，把土壤孔隙中夹带了挥发性有机污染物的空气从土壤中抽取出。SVE成本低，可操作性强，可采用标准设备，处理有机物的范围宽，同时也不会破坏土壤结构，适合处理被汽油、苯和四氯乙烯等污染的土壤。

土壤化学修复技术

包括土壤固化-稳定化技术、淋洗技术、氧化-还原技术、光催化降解技术和电动力学修复技术等。

固化-稳定化技术 该技术利用固化剂将污染物在污染介质中固定，使其长期处于"冬眠"状态，是常用的土壤重金属污染快速控制修复方法，对同时处理多种重金属复合污染土壤具有明显优势。常用的固化稳定剂有飞灰、石灰、沥青和硅酸盐水泥等，其中水泥应用最为广泛。如今该类技术有了新突破，我国已有企业自主研发完成了离子矿化稳定化土壤修复技术，该项技术在美国是土壤修复的主流技术。其原理是利用离子矿化稳定剂与污染土壤中不稳定的重金属离子发生矿化反应，使其生成自然界存在的多种重金属矿石晶体，从而避免进入生态系统。采用这种技术修复冶炼企业重金属污染土壤，能够有效降低土壤中重金属的迁移能力。

电动力学修复 电动修复是通过电化学和电动力学的复合作用（电渗、电迁移和电泳等）将污染物"赶到"电极区，进行集中处理或分离的过程。近年来，我国先后开展了铜、铬等重金属、菲和五氯酚等有机污染土壤的电动修复技术研究，目前电动修复技术已进入现场修复应用阶段。电动修复速度较快、成本较低，特别适用于小范围的多种重金属污染土壤和可溶性有机物污染土壤修复。

土壤生物修复技术

包括植物修复、微生物修复、生物联合修复等技术。近年来该技术得到了快速发展，成为绿色修复技术之一。

植物修复技术 植物修复是把对污染物有巨大提取潜力的植物种植于被污染的土地上,在它们生长的过程中将毒素从土壤中"吸出",以达到减少土地中重金属含量的目的。植物对土壤的修复主要通过植物萃取、植物固定、植物挥发以及根系过滤等方式起作用。目前可被植物修复的污染物有重金属、农药、石油和持久性有机污染物、炸药、放射性核素等。其中,重金属污染土壤的植物吸取修复技术在国内外都得到了广泛研究,已经应用于砷、镉、铜、锌、镍、铅等多种重金属以及与多环芳烃复合污染土壤的修复。植物修复重金属污染土壤成功的关键在于寻找超富集植物,经过国内外科学家的大量野外调查和实验室研究,已经找到了几百种重金属超富集植物,较为常见的有蒲公英、龙葵、芥菜等。

蒲公英

土壤微生物修复 这种技术利用微生物"吃掉"土壤中的污染物质,使土壤得到净化,已经在农药和石油污染土壤中普遍使用。修复效果取决于特异性高效降解微生物菌株的筛选和驯化,保证功能微生物在土壤中的活性、寿命和安全性等。我国农药高效降解菌筛选技术和农药残留微生物降解田间应用技术已较为成熟,同时也筛选了大量的石油烃降解菌。今后,微生物修复发展的重点将是与其他现场修复工程嫁接和移植,开发针对性强、成本低廉、高效快捷的微生物修复设备,以实现微生物修复技术的工程化应用。

土壤修复市场前景

要实现"美丽中国"的目标,不仅仅要有头顶上蔚蓝的天空,还要有脚下健康的土地。积累已久的土壤污染问题,已经严重威胁到"餐桌安全",重金属污染土壤的修复已刻不容缓。

2012年3月出台的《"十二五"规划纲要》将节能环保产业列为七大战略

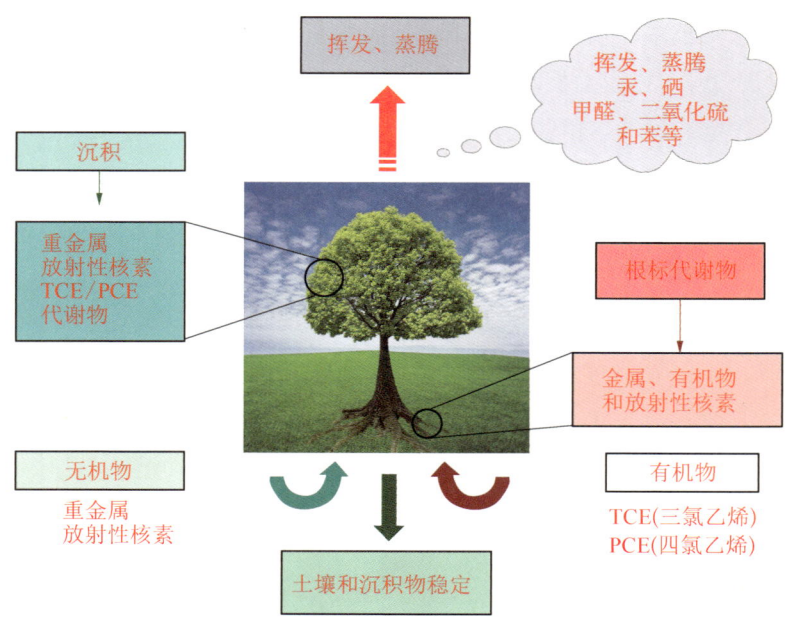

土壤植物修复原理图

性新兴产业之首。其中,土壤修复位居环保产业的重点发展之列,并明确提出要强化土壤污染防治监督管理。据不完全统计,"十二五"期间,仅湖南、湖北、广东、陕西等六省的土壤修复计划投资就在 780 亿元以上。事实上,在环保产业发达的国家,土壤修复产业占整个环保产业的市场份额达 30%～50%。我国重金属污染省份超过 14 个,据估算,未来全国土壤修复市场容量近万亿元。国内的一些科研机构,如清华大学以及中科院等纷纷开始研究和实施土壤修复项目。国外的一些土壤修复咨询机构对国内的土壤修复市场也是虎视眈眈,如荷兰 DHV 集团已经进入我国谋划布局,并推动了国内土壤修复产业的意识觉醒、技术进步和市场开发。在北京、上海、南京、长沙等经济相对发达且污染问题较多的区域,也迅速涌现出一批土壤修复类企业。

污染土壤修复作为新兴环保行业之一,许多技术的研发和应用还处在试验阶段,而国家的行业标准和准入制度也都在制订过程中。我们有理由相信,随着场地调查和风险评估工作的推进,政府、科研机构、企业和社会资本对修复产业投入的加大,主流和潜在技术配套的修复设备、药剂生产和销售商活跃程度的增大,良性且理性的产业链的形成令人期待。

节能环保产业
JIENENG HUANBAO CHANYE

环保产品

无处不在的环境材料

材料科学的发展状况是一个国家工业技术水平的重要体现。材料与环境保护有着密切的关系，一方面，材料的生产和消费是环境主要污染源之一；而另一方面，防治环境污染又要依赖于高性能材料的开发和应用。20世纪90年代初，在可持续发展理论的推动下，国际材料界出现了一个新的领域——环境材料。环境材料不单是指用于环境污染控制和治理的材料，也包括有利于人类健康和生态平衡的环境友好型材料。

根据环境材料的性质和应用领域的不同，可以把环境材料分为两大类：一是环保功能材料，包括环境净化材料、环境修复材料等，其使用目的就是解决日益严峻的环境问题，如大气、水、固体废弃物及噪声等各种污染；二是低环境负荷及可再生利用材料，这类材料采用新工艺以降低加工和使用过程中的环境负荷，同时还能提高资源利用效率，如各种天然材料、清洁能源、绿色建材以及绿色包装材料等。

环保功能材料

因为环境保护涵盖范围广，涉及领域多，所以环保功能材料也是多种多样，不胜枚举。下面选择了几个有代表性的例子加以介绍，依次是活性炭纤维、改性粉煤灰、铈锆固溶体催化剂、袋式除尘器滤料、固沙修复材料和纳米修复材料，让大家可以更直观地理解什么是环保功能材料。

活性炭纤维

活性炭纤维，亦称纤维状活性炭，是目前广泛使用的一种新型高效吸附剂。在宏观形态和微观结构上，活性炭纤维与传统的颗粒状活性炭有很大的不同。在外观形态上，活性炭纤维可以制成纤维束、布、毡、纸等各种集合形态，为不同的工程应用带来了很大便利。在孔结构上，活性炭纤维孔径分布狭窄而均匀，其吸附速度受吸附质碰撞频率速度的支配；而颗粒状活性炭有微孔、过渡孔和大孔之分，吸附速度取决于物质扩散速度。因此，活性炭纤维的吸附速度比颗粒状活性炭快100倍左右。活性炭纤维不光吸附速度快,而且吸附效果好,它有超过50%的碳原子位于内外表面,构筑成独特的吸附结构,其对低浓度的吸附物质也有良好的吸附性能。此外,活性炭纤维解吸速度快也是其一大特点,一般5～15分钟便可完成解吸。在一定的温度和时间条件下,活性炭纤维更可完全解吸,而颗粒状活性炭即使在高温下进行解吸也常常残留有少量的被吸附物质,再生性能远不如活性炭纤维。活性炭纤维降低了解吸再生所需的时间与能耗。

目前,活性炭纤维已经广泛应用于各领域,如溶剂回收、废气吸附以及废水吸附处理等。例如,用活性炭纤维制造的饮用水净化装置,不仅净化效率高,而且处理量大,占地面积小,设备投资少,回报效益高。日本氧气公司和三菱人造丝公司开发的多功能超小型净水器,具有过滤除臭、灭菌和变硬水为软水的功能,还可把井水、河流湖泊水直接净化为饮用水。东邦人造公司开发了用聚丙烯腈基活性炭纤维生产的家用净水器,并且和可乐丽公司共同开发了用于水厂和糖厂的净水装置,可脱色、脱臭和除去有机物。在活性炭纤维的开发应用方面,我国还处于研制、开发和试用阶段,今后随着生产成本的逐步降低,这种具有优异吸附性能的新型吸附剂必将得到更好的应用。

改性粉煤灰

粉煤灰是从煤燃烧后收捕下来的细灰,是我国当前排量较大的工业废渣之一。随着电力行业的发展,燃煤电厂的粉煤灰排放量逐年增大。大量的粉煤灰若不加以处理处置,会导致扬尘,污染大气;若排入水系会造成河流淤塞,而其中的有毒化学物质还会对人体和生物造成危害。其实,粉煤灰只是一种放错地方的资源而已,近年来,其环保应用价值日益受到重视。将粉煤灰改性后用于工业废物处理可将其"变废为宝"。

粉煤灰属于火山类物质,主要成分是三氧化二铝和二氧化硅,由非晶态的玻璃体和晶体矿物组成,并以大小不一的颗粒存在。虽然粉煤灰本身有一定的吸附能力,但吸附效果并不理想,必须通过一定的方法进行改性。如利用物理手段,光照、微波辐射等增强其吸附性能;利用酸、碱或盐进行改性,通过增加比表面积,提高吸附效果;还可以通过表面活性剂对粉煤灰进行改性,利用表面活性剂固定的亲水亲油基团，使污染物的表面张力下降，提高粉煤灰的吸附效率。

由于粉煤灰有类似高岭石的结构，因此可用来合成沸石，也称为类沸石。目前改性粉煤灰的工艺流程是加入助溶剂与粉煤灰混合，经煅烧、老化、晶化、过滤洗涤、烘干、活化等过程，最终得到类沸石吸附剂。

粉煤灰含有二氧化硅，通过改性后在水处理中有一定的助凝作用。通过吸附架桥、降低颗粒电位、提供凝聚晶核，为絮体增大创造条件。

通过将粉煤灰与黏土混合，添加有机造孔剂，烧结制得成品，可作为生物滤池的滤料。此滤料不仅充分利用了工业废渣，而且由于造孔剂的作用，使得滤料非常有利于生物挂膜，对于污水处理有很好的效果。

改性粉煤灰也是处理废气，特别是硫氧化物的"利器"。当前脱硫的主要方法是石灰—石灰石法。此法消耗的石灰和石灰石的量很大，产生的废渣也很大。如果在消石灰中加入粉煤灰，则效率可提高 5～7 倍。现在用改性粉煤灰来脱硫的成熟工艺有美国的 ADVACATE 和日本的 LILAC 等。

改性粉煤灰作为一种新型吸附剂，其原料来源广泛，价格低廉，并具有以废治废、节约资源和经济高效等优点，具有广阔的应用前景。

但是，粉煤灰的应用还存在一些问题，需要进一步研究完善。如粉煤灰中含有多种微量的有害重金属元素，用于水处理时，若这些重金属元素浸出，则会带来新的污染；吸附饱和后的粉煤灰最终处置必须慎重，否则会使可能存在的有毒有害污染物脱附进入自然界，造成二次污染。另外，粉煤灰中含有一些未燃尽的炭粒，可以作为制备活性炭的原料，因此如何更好地利用未燃尽的炭粒，也将是今后的重点研究方向之一。

铈锆固溶体催化剂

汽车尾气的净化主要是通过吸附、过滤、催化完成的。催化剂是汽车尾气净化的关键材料。目前，这类催化剂主要是铂、钯、铑等贵金属，其资源少、价格贵，限制了大规模应用。为此，国内外开展研究，利用过渡金属、稀土元素部分代替或全部代替贵金属来生产催化剂，取得了良好效果。在传统贵金属催化剂中增加了铈锆固溶体的新型催化材料，就是一个标志性成果。

铈是高丰度的轻稀土金属。锆是重要的国防、军工稀有金属。铈、锆以独特的电子和结构特性，可在很宽的范围内有效复合，形成良好的固溶体。相对于传统的铂、钯、铑三效催化剂，铈锆固溶体类催化材料具有如下优势：

第一，它可以提供贮氧能力，使空燃比 A/F 稳定在化学计量平衡附近，起到扩大空燃比操作窗口的作用，提升三效催化剂的性能；

第二，这类催化材料可减缓贵金属催化剂的烧结，增强耐温性能和抗中毒能力，延长使用寿命；

第三，它还提高了贵金属粒子的分散度，提升其有效使用率，在保持高性能催化的前提下，降低贵金属用量，从而降低成本。

我国稀土资源的绝对优势，铈锆固溶体类催化材料的应用更具经济性，同时也在原有产品的基础上提升了国际竞争力。

据资料统计，我国汽车年需求量按照 10% 的速度增长，2015 年汽车需求量将近 1 500 万辆。按照一辆车一套三效催化净化器估测，我国对汽车尾气催化净化器及铈锆稀有金属的需求，将是一个极其巨大的市场。目前一吨铈锆复合物约 20 万～30 万元，利润率在 25% 左右，按年产 500 吨铈锆复合物计算，正常年产值可达 1.0 亿～1.5 亿元，年利润可达 2 500 万～3 750 万元。而实际上，目前我国国产汽车尾气催化净化器市场供应不足 100 万套/年，国内铈锆产品的实际需求量不足 50 吨/年，且大部分的铈锆产品出口到国外。

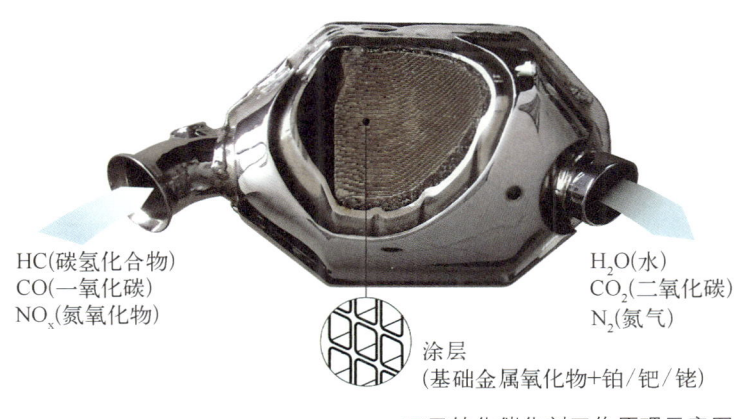

三元转化催化剂工作原理示意图

汽车尾气催化净化器是高利润行业,而当前普遍将国内重要的稀土资源输出国外,再进口国外产品返销到国内,对中国汽车尾气催化净化器产业形成极大冲击。因此,快速提升国内汽车尾气催化净化产业技术,扩大铈锆固溶体的国内应用市场势在必行。

袋式除尘器滤料

PM2.5指的是大气中粒径小于或等于2.5微米的颗粒物,因为它们足够微小和轻盈,所以可以长时间、远距离漂浮;其具有较大的比表面积,能附着各种有毒有害物质,如果被人吸入肺部,可引发哮喘、支气管炎和心血管疾病等。PM2.5的来源很广,火电厂、水泥厂、钢铁厂等排出的烟气,建筑工地的扬尘,机动车尾气,垃圾和农业秸秆焚烧,火山喷发及沙尘暴等,均可导致PM2.5爆发。

相对于PM10,PM2.5对除尘技术、材料及设备提出了更高的要求。虽然PM2.5极难对付,但并非无懈可击,袋式除尘器就是它的克星之一,其基本原理是:当含有较多细小颗粒物的烟气通过袋式除尘器时,其中的粉尘会被阻留在滤袋中,使气体得到净化。

相比于电除尘器对细微颗粒60%的捕集率,袋式除尘器捕集效率可达98%~99%。因此,袋式除尘技术能够有效控制PM2.5等微细粒子。目前,我国烟尘排放浓度基本都限制到50毫克/标准米^3,一些地方还限制到30毫克/标准米^3,甚至10毫克/标准米^3。同发达国家相比,我国的排放标准目前比较宽松,提高标准是必然,未来"袋替电"或成为趋势。

滤料是袋式除尘器最关键的组成部分,它的使用寿命直接关系到系统运行的可靠性和经济性。虽然袋式除尘器的本体寿命一般在15年甚至更高,但滤袋的使用寿命一般仅为2~3年,精心维护条件下有的可达5~6年,而一些实际情况只能服役一年甚至半年。近几年来,袋式除尘器滤料最显著的进步是耐高温纤维滤料的开发与使用,目前包括间位芳纶、聚苯硫醚(PPS)、聚四氟乙烯(PTFE)等滤料在国内均有批量生产。高温纤维的发展,有力地带动了袋式除尘高性能滤料的加工、后处理技术的发展,促进了产能扩张。

据不完全统计,在国内火力发电行业的高温滤料市场上,无锡必达福、张家港澳伯尼、厦门三维丝这三家公司占据了燃煤锅炉烟气除尘用高温滤料的大部分市场份额。其中厦门三维丝是中资企业,该公司锁定高端滤料市场,注重技术创新,努力打造自己的品牌,在短短数年内,已跻身于国内生产高温滤料的主要企业行列。但是,我国袋式除尘高端滤料市场主要仍为美国和欧洲国家所控制,国内技术大部分尚不成熟。PPS和PTFE纤维与国外产品仍有明显差距,另一种耐高温滤料纤维P84,是水泥窑烟气净化的主要滤料,目前在国内还是空白。

从长期来看,我国的环境政策有利于袋式除尘行业的发展。我国的环境保护和治理政策会不断出台,并相应地提高标准,促进袋式除尘行业的发展。例如,由发改委和环保部联合发布的《当前国家鼓励发展的环保产业设备(产品)目录(2010年版)》明确将袋式除尘设备纳入鼓励领域,作为发展重点。

滤料作为袋式除尘的重要组成部分,发展潜力巨大。一方面,袋式除尘的市场容量随着国家加大对钢铁、水泥、冶金等行业环境治理的要求而不断扩展,其在"十一五"期间保持了平均25%的增速;另一方面,污染物排放标准的日益严格,袋式除尘器在燃煤电厂等的成功运行,使袋式除尘器在性价比上的优越性逐步显现,并为越来越多的用户所接受,也使袋式除尘器的需求量进一步增大。值得注意的是,垃圾焚烧行业也是除尘市场的重点之一。由于垃圾焚烧烟气的腐蚀性,

脉冲式袋式除尘器

对除尘器要求很高,而采用高性能耐高温滤料如PTFE的袋式除尘器进行垃圾焚烧除尘是现行较为适用的方法,市场前景广阔。

固沙修复材料

我国是世界上受荒漠化影响最为严重的国家之一,土地荒漠化每年造成的直接经济损失达上百亿元,严重制约着经济的可持续发展。由国家林业局

会同有关部门编制的《全国防沙治沙规划(2011～2020年)》已获国务院批准,其目标任务为划定沙化土地封禁保护区,加大防沙治沙重点工程建设力度,全面保护和增加林草植被,积极预防土地沙化,综合治理沙化土地;完成沙化土地治理任务2 000万公顷,其中2011～2015年和2016～2020年两个阶段各完成沙化土地治理任务1 000万公顷。到2020年,全国一半以上可治理的沙化土地得到治理,沙区生态状况进一步改善。因此,研制开发新型固沙植被材料,对我国生态环境尤其是西部地区防治土地沙漠化和荒漠化具有重要意义。

沙漠中的胡杨林

沥青乳液

沥青乳液是石油类固沙剂的代表,它是当前世界各国化学固沙最广泛的应用材料。沥青是从石油和煤焦油中提炼而成的副产品,其组分复杂,在常温下呈固体或半固体状态,具有较高的凝点和熔点,并有相当大的黏度。这些特点使沥青成为一种传统的黏结、防水和防腐材料。沥青乳液是以沥青为原料在乳化剂作用下通过乳化设备制成的,可分为阳离子型、阴离子型和非离子型等几大类。作为固沙材料,沥青乳液可单独用于固沙,也可与植物和机械沙障结合使用达到固沙目的。喷洒使用时,利用沥青与沙土颗粒的黏附作用,提高沙土的抗压强度,起到稳定沙土的作用。其与植物结合时,对植物无毒害,可以较持久地固定于沙地表面。

木质素磺酸盐

木质素磺酸盐是造纸工业中制浆废液的成分之一,因其分子结构中含有羟基、磺酸基等可与沙土颗粒结合的基团,再加上来源广、价格低,在固定沙土中得到一定的应用。木质素磺酸盐喷洒在沙土表面后,与表层的沙土颗粒结合,通过静电引力、氢键、络合等化学作用,在沙土颗粒之间产生架桥作用,促进沙土颗粒的聚集,在表层形成致密的固结层,达到固沙的目的。另据估算,木质素固沙剂的平均成本为 0.25 元/米^2,大大低于国家要求的 0.8 元/米^2 的标准,具有很大的市场应用前景。

高分子吸水树脂

高分子吸水树脂又被称为超强吸水剂(简称 SAP),是一种含强亲水性基团、并经适度交联的功能高分子材料,其网络结构和带电基团具有很好的吸水保水性能和缓/控释功能,该材料能在短时间内吸收其自身质量几百倍甚至几千倍的水分,并具有良好的保水性能。在土壤中加入高分子吸水树脂,可以大幅度提高土壤的保水能力和有效水分含量,并能改善土壤的理化状况,促进作物成活率和生长量。当其吸附大量水分后,便在作物根际周围形成了一个湿润的保水中心,可在相当长的一段时间内为作物供应较充沛的水分,促进植物生长。因此,高分子吸水树脂是干旱地区发展节水农业和治沙造林的理想材料。美国、澳大利亚、以色列等国家早已在旱区、沙区造林中大规模推广应用高吸水树脂。现在,我国对其在农业和林业中的应用也进行了大量的研究,并取得了良好的节水保水效果。

单一固沙材料的应用通常难以奏效,很多情况下需要将不同的材料联合在一起使用以扬长避短、优势互补。例如,尽管高吸水性树脂具有优异的吸水保水性能,但由于成本高,不可能大量使用,而且它对沙土的稳定效果也并不突出。因此,只有将高吸水树脂和其他固沙材料、固沙技术结合起来使用,才能取得令人满意的固沙效果。中国林科院林产化工研究所将聚丙烯酸类高吸水树脂和改性木质素磺酸盐固沙剂相结合，共同应用于内蒙古乌兰布和沙漠的防风固沙和植被恢复工程中。对沙漠植物的成活率和生长量测试结果表明，同时使用高吸水树脂和改性木质素磺酸盐固沙剂，产生的效果明显优于两者单独应用。

目前，我国西部地区土地荒漠化日益严重，危及当地人民的生存发展，并造成大面积可利用土地资源丧失，因此如何开发低成本、高效能、环境友好的固沙材料成为当务之急。如在可再生的天然高分子（木质素、纤维素等）的基础上开发固沙及保水材料，既达到了防风固沙、恢复植被的目的，又可避免其他高分子材料对沙漠地区的污染。因此，加强生物质高分子材料开发及应用，必将对改善我国荒漠化地区的生态环境产生深远影响。

纳米修复材料

纳米材料由于其特有的理化性质，如巨大的表面积、强力的吸附性能、较高的催化效率，在土壤环境修复领域占有一席之地。

螯合剂由于能够吸附金属离子而被广泛应用于污染土壤修复，但普通的螯合剂重复利用性差，并且容易产生二次污染，制约了其在污染土壤修复中的应用。聚酰胺-胺型类树枝状聚合物是一种新型的纳米级螯合剂，它具有良好的水溶性和特殊的纳米分枝结构，可以有效去除污染土壤中的金属，且去除效率明显高于普通螯合剂。更为重要的是，该螯合剂经纳米膜和酸处理后具备了较好的重复利用性，克服了普通螯合剂的缺点。

土壤中疏水性有机污染物的修复方法，也是近几年研究的热点。表面活性剂虽然能够有效地将土壤中的疏水性有机物解吸，但由于自身极易被土壤吸附而使浓度降低，因而长期的处理效果并不理想。双亲性纳米聚合物由于内部亲油、表面亲水的独特结构，不仅能有效去除土壤中的疏水性有机污染物，而且不易被土壤吸附，从而避免了纳米聚合物在处理土壤时浓度的降低，更适合长期使用。目前，人们已成功合成这种双亲性纳米聚合物——聚亚胺酯（APU），并利用该聚合物有效去除了土壤中的多环芳烃（PAHs）污染物质。

目前纳米材料对污染土壤修复的研究还不多，而且主要是实验室进行的异位修复研究，处理步骤复杂，离实际应用尚有差距。因此，提高纳米材料在污染土壤中的修复效率,将其与植物修复技术相结合,利用植物作用增加污染物的土壤解吸,强化纳米材料对污染物的修复效果,把纳米材料的土壤修复运用到土壤原位修复,简化修复步骤,减少投资等问题都将是未来的研究热点。

时代新宠——低环境负荷及可再生利用材料

低环境负荷及可再生利用材料与我们的关系更为密切,它们来源于生活又服务于生活。虽然这些材料由于技术和工艺进步而具备了"新"的特性,但是它们发挥的作用仍然是"旧"的,因此也就有了更广泛的群众基础,更大的市场空间。下面就以绿色包装材料和绿色建材为例进行介绍。

循环利用的绿色包装材料

如同人要穿衣,商品也要有包装材料来"装扮"。绿色包装材料就是这样一类对人体健康无害,有良好生态环境保护作用并可回收再用的"衣服"。纸质包装材料、可降解包装材料及其他新型包装材料是各国绿色包装材料研发的重点。

纸质包装材料

纸质包装材料取材易,成本低,易分解,可回收利用,使用后对环境不会造成污染,是当前国际流行的"绿色包装"。纸质包装材料主要有两大类:一类就是一般的纸浆制品;另一类是新型的多功能纸制品。纸浆膜塑制品是一种新型的纸质包装材料,它的特点是质量轻、防震,而且透气性特别好,废弃后不会造成对环境的污染,可以用来包装生鲜食品,如蛋品、水果制品等。

另外,蔗渣、棉秆、谷壳、玉米秸秆、稻草、麦秆等造纸以及废纸纤维造纸,也有广泛应用。例如,采用非木材纤维造纸技术将土豆淀粉和石灰石结合生产出的食品托盘,可循环利用,具有生物降解功能,价格低廉,而且可以节省大量的木材。而将竹、稻草等植物纤维经高温杀菌后压制成纤维板,再经粉碎,加入填充料、黏合剂等搅拌后挤压成形,可制成易降解的一次性快餐用具。再如,利用蔗渣纤维能制成缓冲包装材料等。我国《造纸产业发展政策》中明确指出:要优化纤维原料结构,提高国内的自给能力,科学合理地充分利用非木纤维资源。而在2011年《产业结构调整指导目录》将涉及以非木纤维为原料,采用清洁生产的造纸部分,列入在"鼓励类"中,于 2011 年 6 月起已正式执行。相信在政策的引导下,国内的"绿色造纸业"将有新一轮发展。

可降解塑料包装材料

众所周知,塑料是以石油为原料生产的,在包装材料中广泛应用。随着石油价格的不断走高及石油开采造成的环境破坏,再加上塑料制品的难降解性,促使新型包装材料——可降解塑料被开发应用。可降解塑料是指在生产过程中加入一定量的添加剂(如淀粉、改性淀粉或其他纤维素、光敏剂、生物降解剂等),使之稳定性下降,成为较容易在自然环境中降解的塑料。根据降解条件不同,一般将可降解塑料分为光降解塑料和生物降解塑料两种。

包装鸡蛋的纸质包装材料

光降解塑料分为两类:一类是共聚型,它是由一氧化碳或含碳单体与乙烯或其他烯烃单体合成的共聚物组成的塑料,因该聚合物链上含有羰基等发色基团和弱键,易于光降解;另一类是添加型,是指在通用的塑料基材中加入如二苯甲酮、对苯醌等光敏剂,这些光敏剂能吸收波长在 300 纳米附近的光线,并与相邻的分子发生脱氢反应,将能量传给聚合物分子,引发光降解反应,降低其分子量。光降解塑料属于较早的一种降解塑料,因为受日照和气候等因素的影响比较大,变化难以预测,无法控制降解时间,所以目前很少应用。

生物降解塑料就是在细菌、霉菌(真菌)和藻类等自然界存在的微生物作用下,完全分解为低分子化合物的塑料。这类材质主要有两种:一种为合成生物降解塑料,如聚乳酸,它属于热塑性聚酯,与现有塑料聚乙烯、聚丙烯、聚苯乙烯等材料相比,具有生物降解性、可溶性和可吸收性,降解后不会污染环境,被产业界定为 21 世纪最有发展前途的新型包装材料之一;另一种为天然

环境降解烟膜使用过程中　　环境降解烟膜开始降解　　环境降解烟膜降解过程中
　　　　　　　　　　　　　（覆盖45+10天）开始降解

环境降解烟膜已完全降解　　环境降解烟膜使用效果

环境降解烟膜降解流程

高分子生物降解塑料，又分为动物型和植物型。动物型的包括甲壳素、明胶、壳聚糖等；植物型的包括淀粉、纤维素、半纤维素、木质素等，降解时通常先水解后氧化。在2009年的哥本哈根世界气候大会上，可口可乐公司推出了一种植物材质包装瓶。这种包装瓶是由22.5%以植物秸秆为原料的PET（聚对苯二甲酸类）塑料、25%的再生PET和少量由石油提炼的"常规"PET制作而成。目前，可口可乐公司已计划在全球二十多个国家和地区推出50亿瓶植物瓶饮料。到2020年，可口可乐公司希望回收所有的含植物材质的PET瓶。

纳米包装材料

纳米技术应用广泛，被认为是21世纪最有前途的科研领域之一。而纳米包装材料是指用分散相尺寸为1～10纳米的单晶体或多晶体材料与其他包装材料复合或添加制成的具有纳米级结构单元的包装材料。目前开发应用的新型纳米包装材料主要有三种：纳米抗菌性包装材料、纳米保鲜包装材料和新型高温阻隔性材料。

一种新型抗菌材料就是在尼龙中添加了特殊的纳米黏土复合材料，经改性后,不但使得强度、韧性等物理力学性能有所提升,还对大肠杆菌、金黄色葡萄球菌有明显的杀伤效果,而且生产成本也大幅降低。如日本开发的以银沸石为母料的全新型无机抗菌剂,抗菌效果明显且持续时间长,不会气化和迁移而对包装物产生影响,加工稳定性高,广泛用于熟食肉类及水产品的包装。

纳米二氧化钛功能薄膜属于纳米保鲜包装材料,它基于光催化反应使有机物分解而具备抗菌效果,对大肠杆菌、金黄色葡萄球菌、芽枝菌和曲霉等具有很好的杀菌功效。这种材料具有高阻隔性,可分解内毒素,除异味,有一定的自洁能力,能重复利用,可从空气和水中去除部分污染物以及除臭和杀菌等。北京崇高纳米科技公司在原有的聚乙烯保鲜膜技术基础上,将纳米抗菌材料经过特殊的表面处理和分散技术,使之均匀地分散在聚乙烯树脂中,研发出了维蔬乐长时果蔬保鲜膜。

在新型高阻隔性材料方面,国内正在开发用于食品包装的"尼龙6层状硅酸盐纳米复合材料",它可以降低气体的透过率,提高材料的阻隔能力,延长食品的保质期。这就好比给所包装的食物套上了一层致密且排列整齐的保护膜,使得空气中的氧气等气体即使想接近食物也无从下手。

一专多能的绿色建材

绿色建材,又称生态建材,是指采用清洁生产技术、少用天然资源和能源、大量使用工业或城市固态废弃物生产的无毒害、无污染、无放射性、有利于环境保护和人体健康的建筑材料。

生态水泥 水泥和混凝土是目前用量最大的建筑材料,传统水泥的生产会消耗大量矿产资源和能源。通过生产生态水泥,能够很好地处理这一矛盾,使水泥窑从"能源老虎"变成处理垃圾的城市环境"清洁工"。生态水泥的生态性主要体现在两方面:一方面,生态水泥以各种固体废弃物如工业废料、废渣、城市垃圾焚烧灰、污泥及石灰石等为主要原料制成,故其具有环境相容性和对环境的低负荷性;另一方面,以高炉矿渣、石膏矿渣、钢铁矿渣以及火山灰、粉煤灰等低环境负荷添加料生产的生态水泥,烧成温度降至1 200~1 250℃,相比传统水泥可节能25%以上,二氧化碳总排放量可降低30%~40%。生态水泥的化学成分虽然有所波动,但其基本矿物组成、性能与普通硅酸盐水泥接近。

节能玻璃 建筑玻璃是现代建筑采光的主要媒介，我们一般应用的普通平板玻璃虽然透光性很好，但太阳光在普通平板玻璃的可见光和近红外线部分的透过率都很高，所以普通平板玻璃的保温性和隔热性较差。而目前研发并应用于实体工程的中空玻璃、真空玻璃、真空低辐射玻璃等，绿色玻璃使用寿命长，可选择性透过、吸收或反射可见光与红外线，是一种很好的节能玻璃。中空玻璃将两片或多片玻璃均匀隔开并对周边黏接密封，使玻璃层之间形成有干燥气体的空腔，其内部形成了一定厚度的被限制了流动的气体层。这就像是松软的棉花被，被罩就相当于玻璃，棉花就相当于中空玻璃中的干燥气体。与普通玻璃相比，中空玻璃传热系数至少可降低40%。而真空玻璃可以看作是中空玻璃的升级版，只是腔内的气体非常稀薄，这样一来，同种材料真空玻璃的传热系数至少又比中空玻璃低15%。而真空低辐射玻璃又在真空玻璃的基础上进行改进，在玻璃表面镀膜而对波长在4.5～25微米范围的远红外线有较高的反射比，使屋内冬暖夏凉。

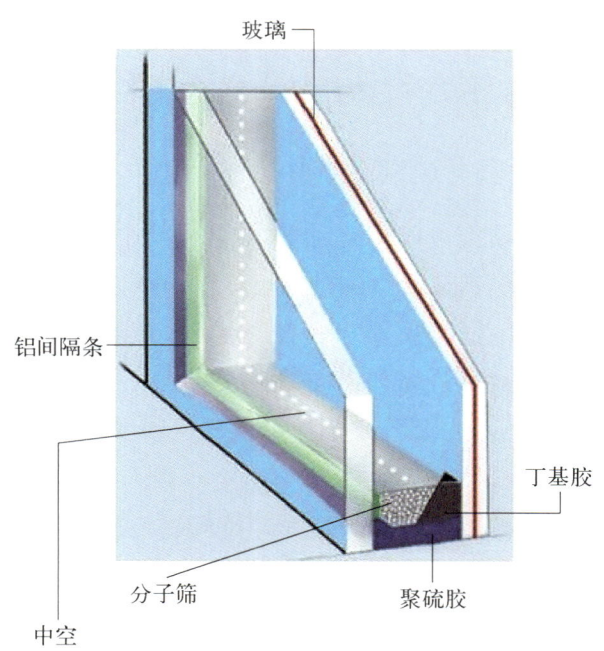

中空玻璃示意图

此外，国外目前已开发出许多绿色建材新产品，如可控离子释放型抗菌玻璃，可以抗菌、除臭的光催化杀菌防霉陶瓷，电致臭氧除臭杀菌陶瓷等新型陶瓷装饰装修材料和卫生洁具。将这些材料用于居室，尤其是厨房、厕所等细菌和霉菌容易繁殖产生霉变、臭味的地方，能够显著改善居室生活环境，也是公共场所理想的装饰装修材料。

当然，某一建筑材料之所以能称为"绿色"，是因为满足了一定的标准。目前，世界各国都进行了积极的努力，制定了相应的绿色建筑标准和评估体系，如美国 LEED 绿色建筑评估体系，德国的生态建筑导则 LNB，澳大利亚的建筑环境评价体系 NABERS 等。目前我国有关绿色建材的评估标准大致是根据 ISO14000 体系认证、环境标志产品认证及国家相关安全标准体系来确定的。综合来看，国际上公认用 ISO14000 标准中全生命周期理论（LCA）来评价材料的环境负荷性能是较为合适的，它能够通过定量化地研究能源和资源利用及由此造成的废弃物排放来对产品进行综合、整体、全面的评价。

新型城镇化作为推进经济结构调整的突破口，已成为政策共识，这为建筑业的发展提供了千载难逢的机遇。而在国家建设资源节约型、环境友好型社会的背景下，建筑材料的"绿色化"将会有更大的市场空间。

环保材料的未来发展前景

中国的环境材料研究可以追溯到 20 世纪 80 年代中期，农业上大量使用地膜、大棚等塑料制品，造成严重的"白色污染"，由此拉开了环保型可降解塑料的研发大幕。20 世纪 90 年代以来，我国在环境材料的研究和环保产品的开发上获得了迅猛的发展。如在建筑材料的生产上，我国学者开展了大量的工作并应用于相关产业，在上海成立了绿色建材展示促销中心，以推动环保型建材的应用和发展。

我国是一个资源、能源大国，但也是环境问题比较严重的国家之一。环境材料科学的发展和应用，将极大地缓解经济发展与资源环境之间的矛盾。特别是在中国转变经济发展方式，走低碳经济发展道路的大背景下，积极推广环境材料是必然的选择，环境材料具有广阔的市场前景。

药到病除的环保药剂

人在生病时,会根据个人情况用药治疗,来保障身体的生理功能正常运转。同理,当环保工艺或设备不能正常运行时,也需要"吃药治疗"。而且,更多的时候环保药剂相当于人们吃的保健品,或防患于未然,或提高处理效率,或强化处理效果。通常,好的环保药剂用量不大,但是效果显著。下面介绍几种常见的环保药剂。

缓蚀防垢剂——钢铁保镖

全世界每年因被腐蚀而损耗的钢铁材料约占全年钢铁产量的10%,如果能够减缓金属被腐蚀的速率,这就相当于节省了一笔可观的资源,缓蚀防垢剂就能起到这个作用。当它在某种特定的环境介质中保持适当的浓度时,能够防止或减缓材料的腐蚀。

20世纪70年代初,磷系水处理剂因具有良好的缓蚀与阻垢性能而被广泛应用于工业循环水系统中,三聚磷酸钠是其典型代表。但是磷系处理剂会给工业废水带来大量的含磷污染物,因而一开始人们就试图研究其他"绿色产品"来代替它。我国每年生产缓蚀防垢剂所使用的磷近10万吨,这些磷化合物最终作为废物排放,造成环境污染,特别是导致湖泊、水库的富营养化,所以开发绿色无磷缓蚀防垢剂是当务之急。与传统含磷处理剂相比,无磷缓蚀防垢剂可以降低水质的富营养化程度,阻碍水循环系统中的细菌滋生和苔藻生长,并且能避免循环水系统中磷酸钙垢的形成,提高设备的传热系数,降低能量消耗,同时还可耐受高浓度的氯离子和硫酸根离子腐蚀。

目前来看,无磷有机缓蚀剂是下一阶段的研发重点,其中一些低分子聚合物类缓蚀阻垢剂因其显著的可降解性、绿色环保性能日益得到重视,主要包括聚天冬氨酸型(PASP)、聚环氧琥珀酸型(PESA)、聚谷氨酸型(LMPGA)以及复配型绿色阻垢缓蚀剂。

对于缓蚀防垢剂来说,绿色化是其发展的中心战略,包括生产用原料和转化试剂的绿色化、生产方式和反应条件的绿色化以及目标分子产品的绿色化。当前有两个主要的发展方向：一是在生产过程中尽可能减少对人体健康或环境有害的原料、溶剂等的使用，可选择天然产物如聚天冬氨酸、聚环氧琥珀等原料，也可以在分子结构设计上，考虑易降解、活性强的官能团或者元素，合成改性过程中尽可能减少副产物的污染或者分离排放问题，以达到原料利用率最大的目的；二是改进生产工艺、重视生产过程对环境的影响，在方案设计和技术改进过程中开发和采用清洁生产工艺流程，适应缓蚀剂绿色化发展的需要。

"众星捧月"的絮凝剂

细小的颗粒物质如众星捧月般向被投加进水中的絮凝剂汇集，形成大颗粒分离出来，这一过程就叫作絮凝，是水处理的基本方法之一。絮凝剂的开发和应用，不仅要评价其固液分离效果，还要评价其环境和健康风险。

国内外应用的絮凝剂主要有无机絮凝剂、有机合成高分子絮凝剂、天然高分子絮凝剂、微生物絮凝剂等。

传统的絮凝剂在使用过程中暴露出了一些环境和健康问题，如无机絮凝剂中的铝盐会导致铝离子的二次污染，铁盐会对设备有腐蚀作用；有机合成高分子絮凝剂中应用较多的聚丙烯酰胺具有一定的神经毒性等。

天然高分子絮凝剂

天然高分子絮凝剂的天然性体现在它的原料上，有淀粉、纤维素、壳聚糖、植物胶、蛋白质及微生物的代谢物等。这类絮凝剂易生物降解，絮凝剂本身及其中间降解产物对人体无毒，具有选择性大、价廉、产泥量少等优点，若在自来水处理系统中投加该类絮凝剂，可提供更加安全的处理出水。其中，壳聚糖、甲壳素类絮凝剂在工业上已大量应用。美国主要将其用于给水及饮用水处理；而日本主要用于污水处理，该国每年用于水处理的壳聚糖达500吨之多。目前，我国改良了壳聚糖类絮凝剂，除了对水中的固体悬浮物有较好的絮凝作用外，还对水中的化学需氧量、重金属离子等有较好的去除效果，可使食品加工废水的颗粒物浓度减少70%～98%。

微生物絮凝剂

近年来,利用微生物絮凝剂处理污水的方法不断得到关注和认可。微生物絮凝剂是利用生物技术,先将微生物批量发酵,再从微生物体或其分泌物中提取、纯化而获得的一种安全、高效的"绿色"絮凝剂,这种新型水处理絮凝剂还具有自然降解的特性。微生物絮凝剂分子中含有亲水活性基团,如氨基、羟基、羧基等,其絮凝机制包括架桥絮凝、电中和絮凝、化学反应絮凝等。简单地说,架桥是让本不相干的甲和丙通过絮凝剂乙连接起来,电中和是消除掉两个颗粒所带的同性电荷让它们联系紧密,化学反应则是通过改变反应条件调整到絮凝剂的最佳状态。目前,微生物絮凝剂在膨胀活性污泥的处理,废水悬浮颗粒的去除,畜禽废水、建筑材料加工废水和鞣革工业废水的处理等方面已有一定程度的应用。

复合型絮凝剂

复合型絮凝剂能克服使用单一絮凝剂的诸多不足,适应范围广,对高浓度工业废水都有良好的净水效果,并且污泥脱水性好,酸碱(pH)值应用范围也更广。如主要成分为聚丙烯酰胺和聚合氯化铝的复合絮凝剂,它们具有无机、有机的双重优点,又避免了两者的不足。其中的无机离子可使悬浮颗粒发生絮凝并沉淀,而高分子有机阳离子的高度架桥又促进了絮凝吸附速度,故能达到快速净水的目的。然而复合型絮凝剂制备工艺较复杂,成本较高,并有可能存在二次污染,目前仍在不断地研究开发中。

纵观絮凝剂的发展现状可以看出,絮凝剂的品种繁多,从低分子到高分子,从单一型到复合型,总的趋势是向廉价实用、无毒高效的方向发展。无机絮凝剂价格便宜,但对人类健康和生态环境会产生不利影响;有机高分子絮凝剂虽然用量少,浮渣产量小,絮凝能力强,絮体容易分离,除油及除悬浮物效果好,但这类高聚物的残余单体很多具有"三致"效应(致畸、致癌、致突变),因而使其应用范围受到限制;微生物絮凝剂不存在二次污染,使用方便,应用前景诱人。

目前,通过基因工程和原生质体融合等方法创建出降解能力极高的工程菌株,并根据不同废水水质研制出具有针对性的高效微生物絮凝剂,不仅可大大降低絮凝剂的投加量,还可降低处理成本。可以预见,不断研究中的微生物絮凝剂以及复合型絮凝剂很可能在未来取代或部分取代传统的无机高分子和有机合成高分子絮凝剂，成为水处理絮凝剂中的主力军。

"舍生取义"的除臭剂

污水处理厂是城市基础设施的重要组成部分，城市生活与生产过程中产生的污水和工业废水都必须送至污水厂处理。但在输送和处理过程中，会产生各种恶臭气体，影响周边地区特别是居民区人们的日常生活。因此，如何有效除臭将成为管理者和研究人员急需解决的问题。

城市污水处理过程中产生的恶臭气体主要集中在泵房、沉砂池、曝气池、沉淀池和污泥处理区。目前处理恶臭的常用方法有水洗法、药液清洗法、活性炭吸附法、燃烧法和生物除臭法等。其中，植物提取液除臭法具有无二次污染、处理费用低、操作维护方便、除臭效率高等优点，在臭气产生量大的城市污水厂提升泵房和污泥脱水间的恶臭气体处理中受到广泛关注。

植物提取液除臭剂是通过一系列植物提取液复配而成的。这些植物提取液是从树、草和花等植物中提取的有机物，而它们都是绝大多数植物油的主要成分，如豆科植物和橄榄叶提取液等。臭气中的异味分子被分散在空间的植物提取液液滴吸附，在常温下发生各种反应，如酸解反应、催化氧化反应等，最后生成无味无毒的分子，使恶臭气体得到去除。

植物提取液除臭剂

中国植物提取液除臭剂产业发展非常迅速，已不只限于使用传统药材为原料，目前的植物提取液除臭剂行业已经是一个以中药提取物为核心，并包容了源自世界各地植物提取液的现代产业。中国的植物提取液生产技术在借鉴中药、轻工等技术及农、林等行业技术的基础上，融合了基因工程、发酵工程等高新技术，现已初步形成了具有自主知识产权的技术体系，为行业发展奠定了坚实的基础。当然,中国在这一产业的很多方面与国外还存在很大差距,如提取工艺落后、技术装备水平不高、质量标准控制较低等。

20世纪90年代末期,植物提取液除臭剂开始应用于国内城市污水处理厂臭气的处理,而最近几年其应用数量进一步扩大,将促进国内植物提取液除臭剂的研究开发,带动我国植物提取液除臭剂产业在国际化道路上的快速发展。

土壤改良剂

超负荷耕种单一作物时,土壤常会出现盐碱化加重,营养元素失衡的情况,这时往土壤中添加肥料就如"头疼治头、脚疼治脚",并不能从根本上改变土壤活力。而土壤改良剂的使用可以增加土壤的"免疫力",使土壤的物理、化学和生物性质得到改善,维持在一个健康状态,使其更适宜植物的生长。

针对土壤出现的不同"亚健康"状态,治疗的方式也各不相同。当土壤呈酸性时,可加入石灰加以中和;当土壤活力不足时,又可以像人喝酸奶一样,向土壤中施用有益微生物。方式虽不一样,但是殊途同归,最终都是要达到土地能够长期高效循环使用的目的。

目前土壤改良剂已广泛应用于退化土壤的改良,其作用主要体现在:改善土壤物理性状、增强土壤的保水保土能力;增强土壤中营养元素的有效性,提高土壤肥力;提高土壤中有益微生物和酶活性,抑制病原微生物,增强植物的抗性;降低重污染土壤中重金属的迁移能力,抑制作物对重金属吸收等。

近年许多研究者通过一定的化学方法将单体连接到天然高分子化合物上,研制出天然-合成共聚物改良剂。这类改良剂克服了某些天然高分子化合物使用持续时间短、合成高分子化合物成本高的不足,且对土壤的物理化学性能有明显的改善效果,如以丙烯酰胺和凹凸棒土为原料合成的有机无机复合体,其综合性能要优于单一的聚丙烯酰胺。

目前,土壤改良剂研究的另一热点是:以天然材料(特别是工农业废弃物)为原料研制新型多功能土壤改良剂,特别是将不同改良剂配合施用,如生物改良剂与工农业废弃物的配合施用,无机固体废弃物与有机固体废弃物的配合施用等。但如何控制废弃物中的有害成分(如重金属、病原微生物)尚有待进一步研究。

高性能水处理膜材料

许多环保技术都来源于生活。就像用纱窗来阻隔蚊蝇一样,人们使用水处理膜材料来去除杂物,净化水质。水处理膜技术除了应用在环保领域外,在化工、制药、食品、能源等行业也都能见到它的身影。高性能膜材料是新型高效分离技术的核心,它的应用覆盖面在一定程度上可以反映一个国家工业、能源利用和环境保护的水平。

膜是一个大家族,它的种类多种多样。根据膜孔径由大到小,可以分为微滤膜、超滤膜、纳滤膜和反渗透膜等;根据膜的材质不同,可以分为天然膜和合成膜;根据膜的不同用途,又可以将其分为高性能水处理膜材料、特种分离膜材料、气体分离膜材料、离子交换膜材料和生物医用膜材料等,本书主要介绍与环保息息相关的高性能水处理膜材料。

高性能水处理膜材料的重要性不言而喻,它不仅关乎工业发展潜力,更关乎人民福祉。我国的水资源分布不均,人均水资源匮乏,占有量

海水淡化设备中会用到水处理膜

仅为2 300米^3，只有世界人均水平的1/4。2011年我国经济总量跃居世界第二，但用水量早在2006年就排在了世界第一。据相关部门分析，全国用水量将在2020年到达峰值，总量达到6 830亿米^3，预计缺水量将达到500亿～700亿米^3。水资源压力不单单来自工农业水资源短缺，限制了我国的可持续发展；还来自水质难达标，威胁饮用水安全。国家新颁布的《生活饮用水卫生标准》于2012年7月开始执行，将原有的35项常规检测增加到106项，这意味着许多地区原有水质若不经深度处理将不再达标。

从"有水可用"到"有好水可用"的转变，就是要将"资源型缺水"和"水质型缺水"并重，而解决这一难题的关键就是要开发高性能膜材料。下面我们就对PVDF超/微滤膜、纳滤膜和反渗透膜这三种最常用的高性能膜材料做些介绍。

"细致入微"的PVDF超/微滤膜

PVDF是聚偏四氟乙烯的英文缩写，它是由偏氟乙烯聚合而成的结晶型聚合物，用它制成的中空纤维膜拉伸度强、孔隙率高、水通量大、污染耐性好，在污水治理、废水资源化等方面应用广泛。微滤膜能截留0.1～1微米的颗粒，超滤膜可截留粒径大于20纳米的颗粒，它们可用来清除大分子、细菌等杂质，常用于污水深度处理和海水淡化等的前处理。

PVDF超/微滤膜究竟是如何发挥作用的呢？原来，这种中空纤维膜的管壁上有许多小孔，当其被浸在污水中后，假如对管腔施加外力来抽去水分，那么洁净的水就会从中空管中被吸走，而水中的杂质因为不能透过滤膜则会被留在管外。

久而久之，中空纤维膜管壁上的孔径就有被堵塞的风险，对此又将如何防范？回答这个问题，就要从PVDF超/微滤膜的拉伸强度讲起。现在我国先进的膜生产企业生产出的PVDF超/微滤膜的抗拉强度可以达到200牛顿，在使用的过程中可以向池中打入压缩空气，让膜丝充分摆动，仿佛是拨动了古筝上的琴弦而将附在上面的灰尘弹开一样，使管壁孔径周围的沉积物散落，这样滤膜就不会堵塞了。

"吃软不吃硬"的纳滤膜

当物质小到微滤和超滤无法截留时,纳滤膜就派上用场了。纳滤技术是为了适应工业软化水的需要和降低成本而发展起来的,它的关键部件——纳滤膜因其所能截留的物质大小为纳米级而得名,是一种允许溶剂分子或某些低分子量溶质或低价离子透过的功能性半透膜,多为聚酰胺材质。

为了加强分离效果,纳滤膜一般都会先经特殊处理,使之可以同时发挥位阻效应和电荷效应。因为分子量较大而无法通过纳滤膜孔径的物质被截留,这就是位阻效应。而经荷电化的纳滤膜通过静电作用阻碍多价离子渗透,这就是电荷效应。因此,纳滤膜可以截留二价以上的离子,所透过的只有水分子和一些一价离子(如钠、钾、氯离子),非常适合过滤高硬度的地下水及井水制备饮用水,可有效去除水中的有机物,降低色度,脱除水中钙、镁等二价硬质离子,部分去除溶解性盐,达到改善水质的效果。

"倒行逆施"的反渗透膜

反渗透膜与上述膜材料相比更为精细,其表面的微孔直径一般在 0.5~10 纳米,只有水分子能透过。反渗透过程是一种以压力差作为推动力,从溶液中分离出溶剂的膜分离操作。通俗地讲,就是依靠外在压力挤压溶液通过反渗透膜,这样清水就会集中到反渗透膜的另一侧。因为它和自然渗透的方向相反,故称反渗透。

反渗透膜是反渗透处理的核心元件,一般使用高分子材料制成,如醋酸纤维素、芳香族聚酰肼和芳香族聚酰胺等。它能有效截留所有溶解盐分及分子量大于 100 的有机物质,也就是说,水中的溶解盐类、胶体、微生物、几乎所有有机物都无法通过。从理论上来讲,经过反渗透处理的污水已经可以直接饮用。因此,反渗透膜主要用于海水淡化、苦咸水淡化以及超纯水的制备。

水处理膜材料发展现状及展望

2010 年,我国膜产值超过 300 亿元,占全球膜市场的 10% 左右,而上述的三种膜组件产品中,反渗透膜几乎占据了半壁江山。我国的膜技术研究及

水处理设备

应用虽然起步较晚,但是发展较快,"十二五"经济目标确定该产业增长率为30%,形成千亿元规模。

水处理膜材料不但市场大,而且应用广。膜技术在我国水处理领域的应用范围正从工业废水处理逐步拓展到大型市政供排水以及海水淡化领域,成为世界瞩目的新兴市场。国际著名膜技术企业,例如通用、西门子、旭化成、诺瑞特、科氏、三菱等,早已将中国作为重要的开发及战略市场。

我国水处理膜材料的真正崛起,关键在于反渗透膜的国产化,而现在约九成的反渗透膜仍依赖进口;但正因如此,国内反渗透市场也存在着巨大的发展空间。高性能聚酰胺类反渗透膜因其良好的抗污染、抗氧化、耐溶剂性,将会成为未来反渗透膜材料的重要增长点。

高性能防渗材料

目前,越来越多的地区开始面临垃圾围城,这一现象在北京、上海、广州、深圳等人口相对集中的地方表现得尤为明显,这些大都市每天产生的生活垃圾有1.0万~1.5万吨,而垃圾填埋仍是我国最主要的垃圾处理处置方法。生活垃圾中水分较多,填埋后会产生大量的垃圾渗滤液;如果垃圾填埋场发生渗漏,造成的污染难以修复。高性能防渗材料能够有效阻止垃圾渗滤液渗透,保证地下水源和周边土壤的安全。

高性能防渗材料多种多样,按原料来源可以分为天然防渗材料和人工合成材料两大类。天然防渗材料主要有黏土、亚黏土和膨润土等,而人工合成材料则更是五花八门,如聚氯乙烯(PVC)、高密度聚乙烯(HDPE)、超低密度聚乙烯(VLDPE)、线性低密度聚乙烯(LLDPE)、氯化聚乙烯(CPE)和氯磺化聚乙烯(CSPE)等。下文将主要介绍与垃圾卫生填埋相关的主要防渗材料:压实黏土、高密度聚乙烯(HDPE)土工膜和膨润土防水毯。

压实黏土

国际上将粒径小于0.002毫米的土壤定义为黏土。它是一种含沙粒很少的沉积性土壤,水分不容易通过,因此具有较低的渗透特性,是天然防渗材料中使用最多的一种。

压实黏土是指将黏土重塑和压实,常作为复合防渗层的基础层和保护层使用。在压实率为90%~95%,含水率略高于最优含水率的条件下,压实黏土既能符合渗透系数不大于$1×10^{-7}$厘米/秒的国家标准,又能满足抗干裂和高抗剪强度的要求。

压实黏土作为防渗材料使用时,不引入人造化学物质,易于维持原有生态,在现场恰好富含这一资源时建设费用较低。但随着黏土被列为国家保护资源,它的使用受到部分限制,况且作为垃圾填埋场的防渗层,只用压实黏土是远远不够的,使用中往往还需要至少加铺一层HDPE防渗膜。

HDPE 防渗膜——防渗铁闸

HDPE 是高密度聚乙烯膜的英文缩写。它是一种结晶度高、非极性的热塑性树脂,是垃圾填埋场中应用最广泛的土工膜原材料。由于热塑性的物质加热达到熔点后,即可回收利用制成新的产品,因而 HDPE 是一种可重复利用的环保材质。

HDPE 防渗膜具有众多优点。首先,因为聚乙烯没有支链,分子链排布规整,较为细密,因此 HDPE 防渗膜渗透系数极小,可达到 1×10^{-17} 厘米/秒。其次,HDPE 防渗膜的机械强度高,变形能力强,适用于收缩或膨胀的基面且易于焊接施工。再次,它具有良好的耐热性和耐寒性,所以不论纬度高低,HDPE 防渗膜都是适用的。最后,HDPE 防渗膜化学性质稳定,可耐八十多种强酸强碱化学介质的腐蚀。

然而,HDPE 防渗膜亦非完美无缺,它的耐穿刺能力较差。目前,世界上垃圾填埋通用的防渗膜厚度为 1.5 毫米,而德国要求达到 2.5 毫米。因此 HPDE 虽然能起到主要的防渗作用,但很少单独使用。可喜的是,我国已开发出具有自主知识产权的 LDS-1 填埋场渗漏实时检测系统,可用于对填埋场防渗层 HDPE 膜的质量、渗漏以及其在填埋场封场后的检测,从而解决了我国众多填埋场防渗层 HDPE 膜渗漏的定位问题,这样就能做到有的放矢,对症下药。

膨润土防水毯——遇强更强

作为 HDPE 防渗膜的好搭档,膨润土防水毯采用的是"夹心饼干"的模式,它由在特制的复合土工布和无纺布之间填充具有高膨胀性的钠基膨润土制成。这种防水毯两面的复合土工布和无纺布起到了保护和加固的作用,而防水的秘密则在钠基膨润土上。

膨润土的矿物学名是蒙脱石,具有遇水膨胀的特性。天然的膨润土分为钠基膨润土和钙基膨润土,其中钠基膨润土性能较好,遇水时可吸附自身重量 5 倍的水,体积膨胀到原来的 15~17 倍。膨胀后的膨润土形成了高密度的胶体,能够排斥液体。利用这个特点,人们用钠基膨润土来做防水材料,它的垂直渗透系数不大于 $5×10^{-11}$ 厘米/秒，也就是说液体要下渗 1 厘米至少需要 634 年。同时，这种致密的胶体还有 2 毫米内裂缝自我修复的能力，所以不必担心植物根系穿刺。

高性能防渗材料发展现状及展望

上述三种材料各有优劣，只有结合使用，才能发挥最大效力。目前，从上到下的"HPDE 防渗膜＋膨润土防水毯＋压实黏土"结构的复合防渗衬垫系统被广泛认可并加以应用，取得了良好的效果，比单层 HDPE 防渗膜的防渗性能高出将近 4 个数量级。

除几种防渗材料的组合使用外，防渗材料的另一个发展方向是通过添加改造，加强或增加原有防渗材料性能。例如，在天然黏土中添加石灰、水泥以提高黏土的吸附能力和酸碱缓冲能力。

如今正是高性能防渗材料得以快速发展的时期。随着我国人口增加，消费增长，消费品的包装日渐繁复，垃圾量正以每年 8%～10% 的速度增长。随着城镇化进程的推进，城市群的兴起，越来越多的垃圾填埋场也将被新建或改扩建。2008 年我国颁布了国标（GB）16889－2008《生活垃圾填埋场污染控制标准》，对防渗材料及其性能做了更加明确的规定；目前我国生活垃圾卫生填埋场基底防渗的基本要求接近德国标准，高于欧盟和美国。按目前标准，防渗系统的造价大约在 200 元/米^2，随着标准的提高和环保意识的加强，相应的投资也会相应显著提高，高性能防渗材料将是一个很有生命力的行业。

脱硝催化剂——大气净化利器

氮氧化物(NO_x)的种类很多,但造成空气污染的主要是一氧化氮和二氧化氮。人在二氧化氮浓度为9.4毫克/米^{3}的空气中暴露10分钟,即可造成呼吸系统功能失调。氮氧化物除了对人体的致毒作用外,还会严重污染环境,比如能与碳氢化合物形成光化学烟雾、形成酸雨或酸雾腐蚀建筑物、影响农作物正常生长、破坏臭氧层等。

既然氮氧化物危害巨大,就要针对其来源进行控制。那么,自然界中的氮氧化物都是从哪来的呢?氮氧化物按照来源可以分为自然来源和人为来源。自然来源主要来自土壤和海洋中有机物的分解、火山喷发以及雷电电离等,属于正常的自然界氮循环。随着工业的发展,人类活动产生的氮氧化物已经成为氮氧化物的主要来源,其中有90%以上源于煤、石油、天然气等化石燃料的燃烧。三种燃料中,煤对氮氧化物的产生"贡献"最大,占到70%。随着我国经济的快速发展,用电需求显著增加;加之我国能源结构不合理,主要依靠火力发电,火电厂发电用煤占据全国煤燃烧的70%,火电厂已成为氮氧化物排放的第一大户。在介绍脱硝催化剂之前,让我们先来了解一下火电厂最经常使用的一些烟气脱硝技术。

烟气脱硝技术——移形换位

烟气脱硝技术可以分为干法烟气脱硝技术和湿法烟气脱硝技术。干法脱硝包括选择性催化还原法(SCR)、选择性非催化还原法(SNCR)、炭还原法、吸附法和等离子法等;湿法脱硝包括酸吸收、碱吸收、氧化吸收和配合吸收法等,是指用可以溶解氮氧化物或能与之发生反应的溶液吸收废气中的氮氧化物。

在众多的脱硝技术中,SCR在全球范围内成功应用于数百台发电机组,并已积累了十几年的运行经验,成为大型燃煤电厂最为青睐的脱硝技术。目

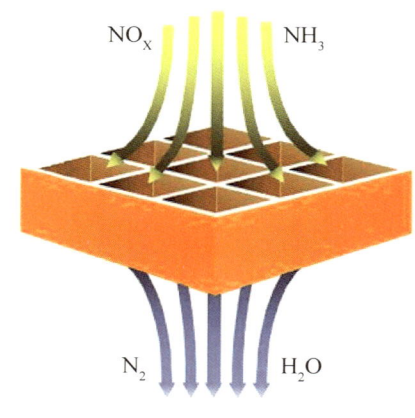

SCR 系统的基本化学反应过程

前日本和德国 95% 的烟气脱硝装置都采用了该技术。而根据中电联统计,截至 2011 年 3 月底,我国已经投入运营的脱硝机组中,采用 SCR 技术的占 93.31%。

SCR 的原理是在 300~400℃ 的温度范围内,在催化剂的作用下,以氨或尿素做还原剂,选择性地与烟气中的氮氧化物反应,生成对环境无害的氮气和水蒸气。该方法净化效率高,可达到 90%~95%,其中脱硝催化剂功不可没。

脱硝催化剂——成功的关键

催化剂是烟气脱硝技术有效应用的重要保障,它的质量优劣直接关系到脱硝效率的高低。脱硝催化剂可以分为三大类,分别是钒钛类催化剂、贵金属催化剂和金属氧化物催化剂。

目前,选择性催化还原法使用的催化剂多为钒钛类催化剂。其中,较常见的是用二氧化钛做载体,搭载五氧化二钒做催化剂、三氧化钨做助催化剂,这种催化剂有很好的抗二氧化硫氧化性和抗水中毒性。同时三氧化钨的掺杂,可以有效防止出现二氧化钛晶型在高温条件下发生变化造成的颗粒增大、表面积减小而使活性降低的现象。但该催化剂中,五氧化二钒为有毒物质,若使用过程中发生脱落,进入到环境中将会产生生物毒性。

贵金属催化剂是研究较早的选择性催化还原催化剂,它是由汽车尾气净化发展起来的,主要品种为铂、铑、钯、银等。它们虽然具有较高的低温催化活性,但使用条件较严且成本很高,不适合大规模固定源的氮氧化物治理,因此后来逐渐被金属氧化物催化剂所取代。

金属氧化物催化剂主要包括氧化铜、三氧化二铁、氧化镍等,载体则用二氧化钛、三氧化二铝等。金属氧化物的混合使用常常能带来意想不到的优良效果,催化活性和低温活性通过氧化物的复合得以提高,如以铁锰铈氧化物为主体的催化剂具有较高的催化活性,且性能稳定,脱硝效率可达到 90%

以上。

脱硝催化剂发展现状与展望

鉴于氮氧化物的严重危害,我国已经将其列为实行总量控制的大气污染物之一。火电脱硝则是重中之重,为此我国实施了"史上最严苛"的火电环保标准。环保部制定的《火电厂大气污染物排放标准》自2012年1月1日起实施。本次标准规定的火电厂烟气排放浓度限值中,氮氧化物含量要严于欧美标准。此标准不但使我们看到了国家治理大气污染的决心,也看到了脱硝催化剂市场爆发增长的巨大潜力。

脱硝催化剂的投资通常占整个脱硝成本的40%~50%,且2~3年就必须更换一次,属于消耗品。国内火力发电行业至少有2亿千瓦的装机容量需要建设烟气脱硝设施,再加上"十二五"期间新增的火电机组,保守估计,"十二五"期间有大约4.63亿千瓦的火电机组脱硝需求,国内烟气脱硝市场价值将达到500亿元,也将催生出一个两百多亿元的脱硝催化剂产业。"十二五"期间每年脱硝催化剂的需求至少在10万米^{3}以上,这对脱硝催化剂的生产企业来说是很大的机遇。

虽然脱硝催化剂市场前景乐观,但如何才能"乐在其中",则是国内企业所要认真思考的问题。最初一些国内企业如东方凯瑞特、远达环保等,为了抢占国内市场份额,相继引进国外发达国家的生产线,这样不仅需要支付知识产权费用,并且在发展上受制于人。由于外商控制了催化剂的主要原材料——二氧化钛的供应,导致催化剂价格居高不下,现在随着这些企业自主创新程度的提高,这一状况正在逐步得到改善。

市场经济背景下相关企业要想谋求更好的发展,不光要靠引进模仿,更要靠自主创新。这可以从两方面入手:一是在改进二氧化钛生产工艺的同时寻找其替代材料;二是加速环保型催化剂的研发,设计新型非钒基催化剂,如复合金属氧化物催化剂等。只有这样才能避免我国的脱硝行业被外国技术所垄断,同时创造出较好的经济、社会和环境效益。

固废处理固化剂和稳定剂

有些固体废弃物,如含有重金属离子的电镀厂污泥,含有有毒的氰化物的化学实验室废弃物,含有放射性物质的核废料等,因其性质较为危险而不能像处理生活垃圾一样直接进行填埋,必须经过稳定化和固化处理,使危险废物中所有的污染组分呈现化学惰性或被包容起来,减少后续处理与处置的潜在危险,便于运输、利用和处置。在固化和稳定化过程中所用到的材料或药剂就称为固化剂和稳定剂。

让固废"有来无回"的固化剂

固化技术是利用物理或化学方法,将有害废物与能够聚结成固体的某些惰性基材混合,使其变为不可流动固体或形成紧密固体,从而使固体废物固定或包容在惰性固体基材中,使之具有化学稳定性或密封性的一种无害化处理技术。它侧重于通过物理手段限制危险废物的转移。这里所使用的惰性材料就称为固化剂。

理想的固化剂需要满足以下条件:良好的抗渗透性、抗浸出性、抗干湿性、抗冻融性及足够的机械强度,同时还要有丰富的来源,廉价易得,以满足规模生产需要。目前,满足这些条件的常用固化剂有水泥、沥青、石灰、塑料和玻璃等。

水泥固化

硅酸盐水泥和火山灰质硅酸盐水泥常被用作水泥固化剂。废物被掺入水泥的基质中,水泥与废物中的水分或另外添加的水分发生水化反应,生成坚硬的水泥固化体。这种方法适用于电镀污泥和含汞泥渣的固化。

沥青固化

沥青具有良好的黏结性、化学稳定性以及一定的弹性和塑性,与有害废物在一定的温度、配料比、碱度和搅拌作用下可发生皂化反应,使有害废物均匀地包容在沥青中,形成稳定的固化体。固化体空隙率小,污染物浸出速率低,增容较小,现多用于中低放射性废物的固化。

石灰固化

石灰和活性硅酸盐料与水反应可生成坚硬的物质,因此也被用作固化剂。此法适用于石油冶炼污泥、重金属污泥、氧化物、废酸等污染物的处理。总的来说,石灰来源方便,操作简单,但因为石灰为碱性物质,固化体容易受到酸性溶液侵蚀。

塑料固化

塑料可分为热塑性塑料和热固性塑料。常用的热塑性材料有聚乙烯、聚氯乙烯等,它们在常温下呈固态,高温时可变成熔融态,这时可与干燥脱水危险废物混合并排出,待混合物冷却即完成固化过程。而常用的热固性塑料有脲醛树脂、不饱和聚酯,它们的单体加热后会变成固体并且硬化,之后再加热或冷却仍会保持固体状态,利用这一性质得到的固化体质量比热塑性固化体更好。

玻璃固化

玻璃固化是为处理高放射性废液而开发的技术。它以玻璃为固化剂,将其与危险废物以一定的配料比混合后,在 1 000～1 500℃ 的高温下熔融,经退火后形成稳定的玻璃固化体。使用这种方法,污染物浸出速率最低、增容比最小,但需要高温操作,所以能耗较高,适合处理核能废料。

在处理危险固废时,除了要用固化剂限制它们的自由,还要用稳定剂降低它们的活性。

使固废"乐不思蜀"的稳定剂

固体废物中的常见有毒有害物质包括:镉、铬、汞、铅、铜、锌等重金属,砷、硫、氟等非金属,放射性元素和含氯的挥发性有机物,硫醇、酚类、氰化物等。稳定化就是将这些有毒有害物质转变为低溶解性、低迁移性及低毒性的过程,它侧重于通过化学手段降低固废风险。在这个过程中所使用的药剂就称为稳定剂。目前,常采用的稳定剂有重金属稳定剂和有机污染物氧化剂。

重金属稳定剂

稳定重金属主要有五种途径:

第一,加入的稳定剂与重金属发生氧化还原反应,转变重金属价态,降低其毒性,如将六价铬还原为三价铬,二价汞还原为单质汞等。这类氧化还原稳定剂有硫酸亚铁、硫代硫酸钠、亚硫酸氢钠、二氧化硫、煤炭、纸浆废液、锯木屑和谷壳等。

第二，加入的稳定剂与重金属发生中和反应。在化工、冶金、电镀等行业，经常产生含酸碱性的泥渣，它们会污染土壤和水体，因此必须进行中和处理，以便后续的处理处置。对于酸性泥渣，常用石灰石、石灰、氢氧化钠或碳酸钠做中和剂；对于碱性泥渣，常用硫酸或盐酸做中和剂。

第三，加入的稳定剂起吸附作用，如活性炭可吸附有机物，而活性氧化铝可吸附镍离子等。

第四，加入的稳定剂与金属离子反应生成沉淀，如用硅酸盐水泥、石灰窑灰渣做固化基材时，可添加氢氧化钠、石灰等碱性物质生成氢氧化物沉淀。硫化物沉淀法适用于含汞废物及含重金属的粉尘。

第五，加入离子交换剂以除去水中的重金属，常用的离子交换剂有离子交换树脂、天然或人工合成的沸石、硅胶等。

有机污染物氧化剂

从有机污染物氧化剂的命名中即可看出其原理。向有机污染物中投加强氧化剂，可以将有机污染物转化为二氧化碳和水，或是毒性很小的中间有机物，以达到稳定化的目的。常用的有机物氧化剂有臭氧、过氧化氢、氯气、漂白粉等。在稳定剧毒的氰化物时，使用氯的氧化物是一种经典方法。

固化剂与稳定剂的发展现状与展望

据预计，中国垃圾处理行业产值"十二五"期间年均增长率达30％以上，行业总投资到2015年年末达2 600亿元以上。固化与稳定化作为固废处理中的重要一环，在区域性集中管理系统中占重要地位。但因其种类繁多，选用时要仔细斟酌；除了要保证对症下药外，还要尽可能以废治废，这样既可节约资源，又能降低成本。

由于高危有毒垃圾对环境具有巨大的破坏性，因此对处理行业的行业经验、技术水平、资金实力具有较高要求，在境内从事相关领域的活动都要经过国家相关部门的批准审核。广东东江环保是工业废物处理领域的典型企业之一，实现了持续高速增长。

持久性有机污染物替代品

持久性有机污染物(POPs)是一类对人体健康和自然环境危害极大的天然或人工合成的有机化学物质,如滴滴涕(DDT)、多氯联苯、二噁英等。其实,POPs对我们来说并不遥远,大多数鱼类、鸟类、哺乳动物类等都会受到POPs的污染,作为食物链顶端的人类自然也无法独善其身,尤其是当他经常摄入鱼类、禽畜类等肉食品时。POPs主要有毒性高、持久性长、积聚性强以及流动性大等特点。提到POPs,首先要从大名鼎鼎的《斯德哥尔摩公约》谈起。

一波三折的《斯德哥尔摩公约》

20世纪90年代初,伴随着北欧国家对POPs的广泛关注和相关活动的开展,一个具有法律约束力的国际公约正在酝酿中。2001年5月,在瑞典斯德哥尔摩召开的外交会议上,保护人类健康和环境免受持久性有机污染物的危害的《关于持久性有机污染物的斯德哥尔摩公约》正式获得了通过。直到2004年5月,在缔约国数量达到符合的规定时,公约才正式生效。为了履行公约,人们从农业和工业着手,开发出杀虫剂替代产品和全氟辛烷磺酰化合物替代产品。

"超级替身"杀虫剂替代产品

1962年,随着美国作家蕾切尔·卡逊的《寂静的春天》这本当时充满争议的著作出版,关于农药危害人类环境的预言引起了社会的巨大关注。该书中关于杀虫剂对环境和生物的危害的言论虽然遭到工业界利益集团的强烈抵制,但其提出的警告仍然促使了政府的介入,美国政府要求立即减少DDT的施用直至最后取消施用。此外,《寂静的春天》的出版作为人类环境保护事业历史上的里程碑事件,其思想迅速影响到全世界。英国议会中就曾多次提到过这本书中的观点和问题,随之而来的便是艾氏剂、狄氏剂和七氯等杀虫剂的限制使用。

目前,杀虫剂的危害已被广泛熟知,而如何运用综合的方法来控制病虫害以代替单纯用杀虫剂便成为重要问题。寻找杀虫剂的环保替代产品,是比较可行的途径。

目前,国内外开发应用的代替高毒类杀虫剂的产品主要有以下几种:

低毒有机磷杀虫剂

高毒有机磷杀虫剂对人体和环境的危害众所周知,而开发毒性低、效果好的新型农药品种,已成为世界各国农药公司研究的热点。如由美国道氏化学公司开发的毒死蜱,又名乐斯本,具

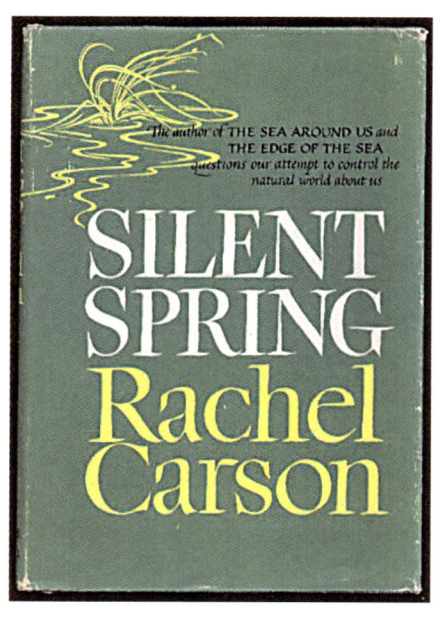

《寂静的春天》第一版

有杀虫谱广、毒性低、持效久等特点。它不仅可防治作物害虫,也可以防治卫生害虫,已经成为世界上产量最大的农药品种之一。

杂环类杀虫剂

在为取代高毒性农药而开发的替代品中,杂环类杀虫剂也是重要一员。中国很早就对杂环类杀虫剂进行研究,开发出了吡虫啉、吡虫清、锐劲特等品种,具有高效、作用机制独特、环境友好等特点。

生物肥皂

生物肥皂是由动植物天然提取物合成的,用于防治蔬菜、水果、花卉等作物上的害虫。它具有对作物安全、不产生抗性、药肥双效等特点。生物肥皂主要通过脱水、窒息等方式来防治害虫,只要将药液与害虫接触,就可达到防治效果。它不仅降低了高毒杀虫剂的危害,也解决了传统生物农药药性低、作用慢的不利缺憾。

昆虫生长调节剂

目前已经市场化或正在开发的昆虫生长调节剂已达四十余种。其主要通过干扰昆虫的产卵、发育、蜕皮等生长过程中的某些环节以达到防治的目

的,具有较高的选择性,且不易产生抗性,对人畜也十分安全。

生物农药

生物农药由于其低污染、低残留、无公害等特点已经重新受到重视,呈现出良好的市场发展前景。生物杀虫剂主要包括细菌杀虫剂、杀虫抗生素、真菌杀虫剂以及病毒杀虫剂等。目前,诸如苏云金杆菌、阿维菌素、颗粒体病毒等已在国内得到不同程度的应用。

根据《斯德哥尔摩公约》DDT登记处的报告,我国目前还在少量生产和使用DDT用于病媒控制。但我国政府已声明将竭力消除使用DDT,并于2014年彻底将其淘汰。此外,我国已经在"十一五"期间加大了削减高毒有机磷农药的力度,对甲胺磷、甲基对硫磷、氧乐果等的生产总量和生产企业数量实行严格控制。而在"十二五"期间,我国农药行业产业升级、兼并重组的速度将会加快,农药生产将进一步向大型化、集约化方向发展,农药产品将朝着高效、安全、经济和环境友好的方向发展。其中在"十二五"农药工业发展的产品目标上,要保持在总量略有增长的情况下优化产品结构,提高产品档次,保证产品质量,力争到2015年,杀虫剂、杀菌剂和除草剂的比例调整为40:15:45,特别是高效、安全、经济和环境友好的新品种占总产量的50%以上,而高毒、高残留品种的产量由目前的5%降至3%以下。

我国是农业大国,杀虫剂等农药的应用极其广泛。在国家改变经济增长方式,注重环境保护和食品安全的大背景下,全面提高农药产业自主创新能力,加强农药生态环境友好新品种的开发,无疑具有良好的政策保障和巨大的市场前景。

青出于蓝的全氟丁基磺酸(PFBS)

2009年5月召开的《关于持久性有机污染物的斯德哥尔摩公约》第四次缔约方大会把"全氟辛烷磺酸、其盐类及全氟辛基磺酰氟"(以下简称PFOS)在内的9种新物质列入POPs公约的管制范围中,对其使用加以限制,所以相关行业PFOS替代品/替代技术的评估、研究成为当前关注的一个热点。

防水、拒油、易去污整理是在织物上施加整理剂使织物表面性质改变,从而使水和油不易在织物上润湿、沾污从而使沾污物质容易被去除的过程。其中使用效果最好的是含氟的整理剂(PFOS)。目前规定市面上化学品及制剂中 PFOS 的含量不得高于 0.005%，否则不得生产和销售(实际上是禁用)，所以寻找 PFOS 的替代品就成为科研人员的研究重点。

2001 年美国环境保护署(EPA)提出禁止 PFOS 使用后，各大化学品生产商已声明不再生产 PFOS 相关产品，同时研发全氟丁基磺酸(PFBS)。PFBS 的氟碳链短，无明显持久性及生物积累性，短时间内可随人体的新陈代谢排出体外，其降解物无毒无害。由 PFBS 生产的新商品经大量测试，防护功能良好，对环境无害，已通过美国 EPA 和世界其他环保机构批准。

近年来国内外对含氟表面活性剂与碳氢表面活性剂的混合体系展开了大量研究。在碳氢表面活性剂中只要加入很少量的含氟表面活性剂，就可大幅提高其降低水表面张力的能力，同时还能发挥含氟表面活性剂的独特性能。将含氟表面活性剂和碳氢表面活性剂复配使用，会大大减少含氟表面活性剂的用量，降低成本。预计这种复配型氟整理剂将成为今后新型含氟整理剂的发展方向。

除此之外，含硅的氟化物拒油整理剂、聚四氟乙烯防水拒油整理剂等也在研究开发中。随着生活水平的提高和纺织技术的发展，人们对纺织品的需求不仅仅停留在高性能上，还越来越重视环保和健康问题。从 PFOS 被列入 POPs 管制范围后，各国研究人员都在不断开发新型的拒水拒油整理剂，未来会有更多新型环保整理剂和整理工艺出现。

节能环保产业
JIENENG HUANBAO CHANYE

环境服务产业

什么是环境服务产业

当我们陶醉于经济快速发展带来的便利之时,我们同时也在为环境污染产生的一系列问题,诸如"雾霾"的天气、"黑臭"的水体和"有毒"的土壤所困扰。因此,经济转型成为必由之路,环保成本必须加以考虑,其中对于"艰难起步,任重道远"的环境服务产业亟待发展和完善。那么什么是环境服务产业呢?

环境服务产业是环保产业的重要组成部分,是指那些通过服务收费的方式获得收入的同时又对环境有益的技术服务,其首要特质是以环境产出为计价标志,也就是说根据处理多少水量、去除多少污染物,而不是根据买了多少设备、建了多少工程来付费。简单地讲,我国环境服务业的内容主要包括两种。

北京遭遇沙尘暴

环境污染治理服务

即从事废水处理、废弃物处理处置、大气污染控制、噪声污染控制等开发、设计及其工程总承包以及设施的运营。

与环境管理相关的服务

即环境影响评价(评估)、环境污染治理工程可行性研究、评估以及招投标活动的组织、危险废物处置风险评估、环境与经济政策研究、环境调查、环保法律法规咨询、环保科技成果和实用技术的引进、筛选及推广、排污许可证、污染治理证等管理活动中具体事务的承办、环保产品、无公害产品的组织认证活动等。

根据《中国环境服务业发展报告 2006》，我国对环境服务业主要分为环境技术服务、环境咨询服务、污染设施运营管理、废旧资源回收处置、环境贸易与金融服务和环境功能及其他服务六大类，具体参见下表。

中国环境服务业分类表

类别	具体描述
环境技术服务	包括环境技术与产品的开发、环境工程设计与施工、环境监测与分析服务等
环境咨询服务	包括环境影响评价、环境工程咨询、环境监理、环境管理体系与环境标志产品认证、有机食品认证、环境技术评估、产品生命周期评价、清洁生产审计与培训、环境信息服务等
污染设施运营管理	包括水污染治理设施、空气污染治理设施、固体废弃物处理设施、噪声控制设施等的管理、运营和维护服务
废旧资源回收处置	包括废旧金属及制品、废旧造纸原料、废塑料、废旧化工制品、废木材、废包装等废旧资源的回收处置
环境贸易与金融服务	包括环境相关产品的专业营销、进出口贸易、环境金融服务等
环境功能及其他服务	包括生态旅游、人工生态环境设计等

资料来源：摘自《中国环保服务业发展报告 2006》。

环境技术服务在我国起步较晚,20世纪90年代中期之前,我国环境服务业以开放、设计等技术性服务为主。20世纪90年代中后期,随着工程项目的增加,以工程为基础的环境工程公司大量进入服务业,环境服务的内涵开始从单一的技术服务向决策、管理、金融、工程总承包、运营服务等综合、全方位的智力型服务发展,其地位也在逐步提升。到"十一五"末期,我国环境服务业年收入总额为1 500亿元,在环保产业中的比重为15%,从业人员270万人,从业单位约1.2万家。为促进环保产业的发展,环境保护部组织编写了《环境服务业"十二五"发展规划》,制定了有利于环境服务业发展的政策等具体措施。

环境技术服务解决污染问题

在环境服务业中,环境技术服务主要是指以解决污染问题为目的的社会化的各类技术服务活动,包括环境技术与产品开发、环境工程设计与施工、环境监测与分析服务等,为环境管理的决策、环保咨询服务、环境污染治理和工程的建设发挥了非常重要的作用。

环境技术与产品开发

环境技术与产品开发服务为环境保护及污染防治等提供相关服务活动,为环保产业的发展提供技术和产品支持,是环保产业形成和发展的直接驱动力。

进入21世纪以来,环境技术与产品开发开始从早期发展末端治理技术、无废工艺技术、清洁生产技术和污染预防技术阶段,逐渐向深度和广度方面扩展,清洁生产技术、末端治理技术等在原有基础上得到了进一步发展,技术性能和效率都有所提高,资源综合利用技术、新能源技术、节能技术等环境技术新形式和精细化越来越受重视。随着工业化及市场化的逐步发展,市场上也开始形成一些以环境技术与产品研发服务为核心的企业,并向综合服务模式发展,如北京万侯环境技术开发有限公司就是环保领域内集研发、设计、生产、施工、运营、技术服务为一体的高新技术企业。

经测算表明,"十一五"期间,科技进步对污染减排的贡献率为 $50\%\sim 60\%$,对推进环保产业的发展贡献率为 $70\%\sim 80\%$。在经合组织(OECD)国家看来,激活环保产业发展的核心是技术创新,只有通过技术创新才易于克服经济活动所造成的负外部性,易于适应市场对新产品的需求。因此,环保产业越来越成为技术驱动型的产业。从我国的实际情况来看,为了解决当前和未来环境污染治理中面临的新领域、新问题,推动环保产业又好又快发展及环境管理战略转型,迫切需要加快推进环境技术与产品开发创新。

因此,我国环境技术与产品研发潜力无限,在政策的正确引导下,需加快环境科技创新服务平台建设,鼓励创建和扶持环保产业技术创新联盟,推动环保产业新技术成果的转化和应用,使我国环境技术与产品开发的国际竞争力日益得以提升。

环境工程设计与施工

环境工程设计与施工是环境技术与产品研发的延伸阶段,也是环境技术服务的重要环节,而且有行业的相关标准需要遵循。我国环境工程设计与施工专项资质分甲级、乙级和乙临;根据从业内容分为废气、废水、固废和噪声四种类型。相关单位或企业必须通过国家认证获取资质后,才有资格进行环境工程设计与施工。近年来,环境工程设计与施工正在转向执业资质的发展方向。

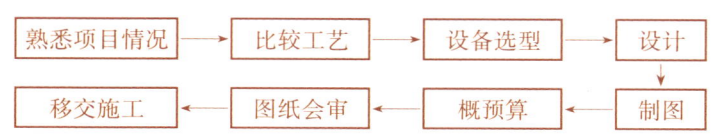

环境工程设计与施工流程图

俯瞰污水处理厂

在我国的环境服务业中,环境工程设计和设备安装施工服务体系是最完善、实力最强且最具市场竞争能力的领域。其中,从事水污染治理工程设计施工的单位数占全国环境工程设计施工行业单位总数的80%。

但是,差距还是客观存在的。目前我们与发达国家有一定的差距,随着国家对环保事业的重视,环保事业的市场越来越大,越来越多的企事业单位投入到环境领域,环境工程设计与施工领域也在逐步完善,未来环境工程设计与施工的队伍将会越来越庞大。

环保服务业是环保产业中相对较"软"的部分,那么当环境工程的设计与施工也属于环保服务业时,环保服务业的地位是否可以提升呢?答案是肯定的,当"工程"和"施工"也属于环保服务业的时候,环保服务业的范畴和影响都发生了较大的改变,在环保产业中的地位也愈发重要了。

环境监测与分析服务

时下流行的预报PM2.5值就属于环境监测的范畴。环境监测和分析服务是环境技术服务的一个重要组成部分,用以评价是否被污染及污染的程度,可以说是环境保护的"耳目",为全面反映环境质量状况和变化趋势、及时跟踪污染源的变化情况、准确预警各类环境突发性事件等的环境管理工作提供决策依据。目前,环境监测与分析的从业单位主要是环保部门的监测机构和各行业的环保科研和监测机构,以及具有污染源在线自动监测运营资质的公司等。

我国的环境监测与分析服务起步相对较晚,20世纪70年代中期才开始起步,随着国民经济的快速发展和政府对环境保护工作的重视以及人们环

空气微粒监测仪

保护意识的不断加强,环境监测工作取得了快速发展,各省市相继建立了环境监测机构,并且初步具备了组织机构网络化和监测分析标准化的能力。然而,目前我国环境监测和分析服务市场还很不发达,特别是环境监测设备企业规模小、技术含量低、产品模仿程度较高,仅占市场份额的5%左右,外资品牌占据了主导的市场份额和高端市场。知名品牌包括哈希、岛津等。

现阶段我国的环境监测与分析服务仍处于以重点污染源、重点区域和环境热点问题为主的监督性或执法性监测和调查阶段,非监督性、非政府行为的环境监测和分析服务领域还比较狭窄,市场还很不完善。同国外相关行业的发展现状相比,无论在环境监测分析服务因子和种类方面,还是污染物分析方法和数据质量控制等方面,都还存在着一定的差距。例如,美国目前能够开展监测服务的各类污染物达到1 600项,而在我国目前能够进行服务性监测的项目不足200项;美国现有的环境监测标准分析方法已达九百多项,而我国能够应用于环境监测分析服务的国家标准分析方法仅有不到400项,而且普遍存在着污染物监测分析方法滞后于污染物限制标准的问题。此外,在环境监测服务过程中的质量保证和质量控制是确保服务质量的重要基础,发达国家已在环境监测分析服务的全过程中开展了QC/QA(品质控制/品质保证)工作,我国在有些环节上的QC/QA工作还有待完善和加强。

加入世界贸易组织(WTO)后,中国的环境服务业全面对外开放,国内市场国际化,市场竞争更加激烈,我国环境监测行业的市场也受到了不同程度的冲击,但同时也为我国环境监测与分析行业带来了机会。我国的环境监测与分析服务行业应当拓展科研能力,提升服务质量,更好地发挥环境监测的技术支持、技术监督和技术服务职能。

环境咨询服务让经济发展搭上"健康快车"

在经济发展的快车道上,已经暴露出一些环境方面的问题,如对资源的无序开发与过度利用,急功近利、盲目引进项目,引发环境问题,造成资源浪费。在这种情况下我们要遵循经济规律、自然规律,需要对环境与发展问题进行科学论证,使经济发展搭上"健康快车",做到先咨询后决策,这就突出了咨询服务的重要性,环境咨询服务势在必行。

通常来说,环境咨询服务包括环境影响评价、环境工程咨询、环境监理、环境管理体系与环境标志产品认证、有机食品认证、环境技术评估、产品生命周期评价、清洁生产审计与培训、环境信息服务等方面。

环境影响评价

环境影响评价是在进行对环境有影响的建设和开发活动前,对该活动可能给周围环境带来的影响进行科学的预测和评估,制定防止或减少环境损害的措施,编写环境影响报告书或填写环境影响报告表,报经环境保护部门审批后再进行设计和建设的各项规定的总称。环境影响评价制度是防止产生环境污染和生态破坏的法律措施,最早由美国的《国家环境政策法》提出推行。

回顾我国环境影响评价的发展历程,1979年,《中华人民共和国环境保护法(试行)》正式建立了环境影响评价制度。1981年,《基本建设项目环境保护管理办法》明确把环境影响评价制度纳入基本项目审批程序。1986年,《建设项目环境保护管理办法》对环境影响评价的范围、内容、程序、审批权限、执行主体的权利义务和保障措施等作了全面规定。1986年,《建设项目环境影响评价证书管理办法(试行)》对评价单位提出了资质要求。1998年,国务院颁布了《建设项目环境保护管理条例》,作为建设项目环境管理的第一个行政法规,对环境影响评价作了全面详细明确的规定。1999年,《建设项目环境影响评价资格证书管理办法》对评价单位的资质进行了规定。2002

年，我国颁布了《中华人民共和国环境影响评价法》，从建设项目环境影响评价扩展到规划环境影响评价。2004年，人事部、原国家环保总局在全国环境影响评价系统建立了环境影响评价工程师职业资格制度。

根据时间顺序，环境影响评价一般分为环境质量评价（主要为环境现状质量评价）、环境影响预测和评价以及环境影响后的评价。这是一个不断评价和不断完善决策的过程。根据开发建设活动的规模和种类，可分为战略环境影响评价、区域开发活动环境影响评价、建设项目环境影响评价、技术和产品发展规划环境影响评价。按评价要素不同，可分为大气环境影响评价、水环境影响评价、土壤环境影响评价、生态环境影响评价等。

一般来说，理想的环境影响评价过程，要满足以下条件：

（1）能识别和评估所有可能的显著影响，并尽可能适应类似对环境造成显著影响的项目；

（2）提出多种替代方案、减缓措施和管理技术，尽量减少对环境造成负面影响；

（3）生成清楚的环境影响报告书 EIS（Environmental Impact Statement），让专家和非专家都能了解可能影响的特征及其重要性；

（4）包括广泛的公众参与和严格的行政审查程序；

（5）及时、清晰的结论，以便为决策提供信息。

ISO14000 环境管理系列标准

相信大家都听过 ISO（国际标准化组织），它的主要功能是为人们制订国际标准达成一致意见提供一种机制。ISO14000 是 ISO 下属的一个环境管理体系标准，是由 ISO/TC207（国际环境管理技术委员会）负责制定的一个国际通行的环境管理体系标准。它包括环境管理体系、环境审核、环境标志、生命周期分析等国际环境管理领域内的许多焦点问题。其目的是指导各类组织（企业、公司）取得正确的环境行为。但不包括制定污染物试验方法标准、污染物及污水极限值标准及产品标准等。该标准不仅适用于制造业和加工业，而且适用于建筑、运输、废弃物管理、维修及咨询等服务业。该标准共预留 100 个标准号，共分 7 个系列，其编号为 ISO14000～14100。

ISO14000认证标准是在当今人类社会面临严重的环境问题（温室效应、臭氧层破坏、生物多样性的破坏、生态环境恶化、海洋污染等）的背景下产生的，是工业发达国家环境管理经验的结晶，其基本思想是从最高领导到每个职工都以主动、自觉的精神处理好自身发展与环境保护的关系，不断改善环境绩效，进行有效的污染预防，最终实现组织的良性发展。该标准适用于任何类型与规模的组织，并适用于各种地理、文化和社会环境。因此，ISO14000认证系列标准的建立，对全球环保事业来说是意义非凡的，有助于在全球范围内减少环境污染的发生，提高资源利用率，保护生态平衡，最终给人类创造一个绿色的生存环境。

环境咨询服务发展的限制因素

尽管我国一直正面引导环境咨询服务业的发展，经过这么多年的努力，我国环境咨询服务产业也取得了一定的进步，但跟发达国家相比，我国的环境咨询服务业还相距较远。是什么让我国的环境咨询服务如此举步维艰呢？

首先，近年来，随着我们国家和人民对环境保护业的重视，环境咨询服务业得到了长足的发展，但我国目前的环境咨询服务业仍处于起步阶段，存在着很多问题。

其次，我国的环境咨询公司多数依然与政府部门存在着联系，有的甚至仍隶属于政府部门或事业单位，政企不分或事企不分就容易在项目咨询过程中受有关部门和领导的影响或干预，通俗地说就像一个未断奶的孩子，仍需要妈妈的喂养，缺乏自主经营、自负盈亏、自我约束和自我发展的动力，普遍市场观念较淡薄，这就造成了咨询项目的评估结果很难保证其客观性和独立性。

再次，加上我国经营管理水平落后，对企业的管理仍是沿用以前的行政管理模式与方式，有些咨询单位缺乏一些基本的管理思想和观念，导致整个市场秩序混乱。最后，环境咨询业是知识密集型的"智囊产业"，是人才竞争的产业，可我国缺乏这样的专业人才，再加上我国环境咨询业本来就起步晚，如果没有人才的支撑，整个场面的混乱可想而知。尽管如此，我国的环境咨询业还是有机会赶超发达国家的。

环境咨询服务发展前景展望

环保咨询产业存在的问题,严重阻碍了环境保护产业的全面发展及环境污染问题的解决,我国环境咨询产业的整体水平还无法与发达国家相抗衡。同时在加入 WTO 后,环境服务业要全面对外开放,这使我国的环境服务业面临着更为激烈的市场竞争。但是,竞争并不是一件坏事,有时候还会加速产业的发展和规范,环境咨询产业就是如此。因此,我国政府扶植了一批环境保护咨询骨干企业,使其能够与国外公司抗衡,目的在于提高我国环境服务业的整体水平,发展民族环境保护产业。但是最关键的是加大公众参与力度,建立吸纳人才、提高素质、努力工作的激励机制,使我国的环境咨询企业不断壮大。随着市场经济不断地走向成熟和发展,可以预言,环境咨询产业将是 21 世纪我国最具希望的朝阳产业之一;同时我们还相信,在不久的将来,环境咨询产业份额不只属于发达国家,我国将在其中占有举足轻重的地位。

应"市"而生的污染设施运营管理

大家平日是否留心过污染物处理设施？如在污水处理厂或垃圾填埋场中，当你看到脏水进去清水出来或一车车垃圾运进，你知道这些污染物处理设施是如何运营管理的吗？在最初阶段，公共污染处理设施的运营管理是由地方政府委托下属职能部门承担，工业企业的污染处理设施运营管理由排污企业自己负责。然而，在市场经济条件下，面对社会、公众对环境日益提高的要求，必须从环境治理的效果出发，环境污染治理将发展为一种新兴的、快速发展的社会化、专业化服务业，污染处理设施运行管理服务由原来不太懂专业的地方政府变成了具有相关资质的专业企业来提供，信息更加对称，而且更有市场竞争力，避免污染处理治理设施"重建设、轻运行"的尴尬局面。

在水处理和垃圾处理两个环境领域支点，自2002年已经开始超脱EPC（工程总承包）传统的商业模式，尝试了建设—经营—转让（BOT）这样新的商业模式，并且取得了非常好的成绩，造就了一大批上市公司。目前，我国的环境污染治理设施运营服务主要包括：生活污水、工业废水、除尘脱硫、工业废气、工业固体废物、危险废物（包括医疗垃圾）、生活垃圾、自动连续监测等八类环境污染治理设施的运营管理。其中，自动连续监测设施运营资质分为乙级资质和临时资质两个级别，其他环境污染治理设施运营资质分为甲级资质、乙级资质和临时资质三个级别。

环境污染治理运营管理的商业模式包括：BOT、投资—运营—移交（TOT）、托管运营、委托运营、技术指导与设备维护等多种形式。BOT是指政府通过契约授予私营企业（包括外国企业）以一定期限的特许专营权，许可其融资建设和经营特定的公共基础设施，并准许其通过向用户收取费用或出售产品以清偿贷款，回收投资并赚取利润，一旦特许权期限届满，该基础设施无偿移交给政府。BOT模式是一种很有效的融资方式，是环境综合服务业的重要组成。例如，电厂脱硫问题是长期困扰政府的环境问题，"十一五"以来，通过电价补贴直接采购脱硫服务，一下就激活了脱硫服务市场。TOT是指政府部门或国有企业将建设好的项目的一定期限的产权和经营权,有偿转让给投资人,由其进行运营管理,投资人在一个约定的时间内通过经营收回全部投资和得到合理的回报,并在合约期满之后,再交回给政府部门或原单位的一种融资方式。TOT 是近些年来国际上较为流行的一种项目融资方式。TOT 可以看作是 BOT 的改进,两者都是很好的融资方式。

当环境污染治理设施运营管理进入市场化运作模式时,可以实现全方位的积极效应,有助于产业回归环境目标:

提高环境保护设施的正常运转率　例如太湖滇池治理投资数百亿元,却一直达不到理想的效果,部分原因就是政府采购工程,工程完成后就付钱给企业,企业无须对环境效果负责,治理效果不能持续。

促进环保产业技术水平的提高　如果是运营承包,专业公司从自身利益出发,就会对设备、设施的质量要求更高,设计的科学性、合理性更加全面,这些都有利于环保产业的技术水平再上新台阶。

避免基础设施的重复投资,降低生产和治理成本　对环境污染治理设施运营进行专业资质管理,可避免环保基础设施的重复投资,降低生产和治理成本,规范和促进环境污染治理运营的相关产业,培育良好的市场信誉激励机制,提高专业技术服务水平和污染治理投资的效率,扩大整个社会的污染治理规模和效果。

拓宽环境保护的投资渠道　运营公司可以直接投资建设污染处理设施,然后由生产企业在若干年内以运营管理费用的方式支付。

随着经济的发展以及由此带来的环境的恶化,市场上出现了一些以污染设施运营管理为服务核心的企业,并逐步向综合服务模式发展。例如,天津创业环保股份有限公司就是一家水工业企业集团,它以水工业项目建设与运营管理为核心,积极向产业相关环节或领域延伸,同时多样化发展工程设计、设施运营服务、水工业物业管理以及水工业设备制造等业务,集主体运营(污水处理和中水回用)、水工程建设、水工业制造、水工业的科研、设计、开发、服务于一体。2010 年,该集团实现营业收入 146 777 万元,较 2009 年增加了 16.8%;实现净利润 27 116 万元(不包含少数股东损益),较 2009 年增加了 11.6%。目前该集团主营业务稳步发展,名列中国水网 2010 年度水业十大影响力企业。

  然而,我国的环境污染治理设施运营管理服务业的市场化运作份额仍旧较低,主要原因仍然是政府政策的不到位和市场经济改革的不到位。政府应加强"特许经营"的监督,让公众广泛参与,把设施运营服务业朝着企业化、专业化、市场化和社会化的发展方向推进,这样才可以利用市场机制把目前环境管理的被动局面扭转过来,并保障我国环境污染治理设施正常、可靠、高效地运行。

废旧资源的回收处置

大家平日里都听过汽车、家电类的"以旧换新"吧？汽车、家电等废旧资源中含有大量可回收利用的钢铁、有色金属、塑料、橡胶等资源,通过分门别类、妥善处理,让废旧资源由"鸡肋"变"牛排",达到循环利用的效果。这就属于废旧资源回收处置,是环境服务产业的重要组成部分。

废旧资源的回收处理不仅减轻了对环境的负担,而且可以实现资源的再利用,减少资源的消耗,同时还可以节约生产成本,实现经济与环保的"双赢"。研究表明,回收1吨废纸可生产0.8吨新闻纸,节约17棵20年树龄的马尾松,较木材造纸节约240吨水、300千瓦·时电,减少35%的环境污染。据介绍,全国每年约有1 400万吨废纸没有利用起来,如果将其回收利用,能生产出1 120万吨好纸,少砍两亿多棵马尾松。

废旧衣物回收利用收集箱

近几年来,废旧资源回收处置行业日益受到重视并迅速发展,回收率逐年增大,回收种类也在逐年增多。然而,同发达国家相比,我国的废旧资源回收利用率还很低,再生资源的产业规模也相对较小。以瑞士为例,瑞士再生资源的回收是以保护环境为核心的,再生资源回收体系的基本原则是"污染者买单"。瑞士固体垃圾的总回收率在40%以上,其中塑料饮料瓶、铝质易拉罐、纸、玻璃的回收率都在70%以上。

瑞士是世界上少数按照垃圾数量征收处理费用的国家。以塑料瓶回收为例,根据瑞士《有关饮料包装的规定》,企业只有在使废弃的塑料瓶回收率达到75%的情况下,才能获准广泛生产与使用塑料瓶。在瑞士,非营利的民间机构——塑料瓶回收协会负责对可抛弃的塑料饮料瓶进行分类回收,85%的饮料零售商是这个组织的成员。瑞士塑料瓶回收协会向协会成员征收每瓶0.04瑞郎的回收费用,作为回收废塑料瓶的专用基金,用于收集、运输和分拣塑料瓶,以及向公众提供信息和组织交流活动。

比利时在废旧资源回收利用尤其在旧衣物方面值得我们学习和借鉴。据统计,人口仅一千多万的比利时,每年的旧衣回收总量达到1.5万吨,主要是通过在公共场所安置旧衣回收箱和发放旧衣回收袋来实

塑料瓶回收

现的。回收的旧衣中,约有30%属于质量较好的,它们会被送到二手商店销售;60%的旧衣通常不能再穿,则由专业工厂进行资源回收再利用处理;剩余的10%则被送进垃圾厂处理。经过处理和加工的一部分旧衣成了油污抹布、汽车内使用的脚垫、绝缘材料、粗布地毯、日用抹布等;另一部分进行碎布处理,从中回收纤维。目前,欧洲市场上销售的台布、床单等许多纺织商品都标明是由回收纤维布制造的。

即使是和同处亚洲的日本相比,我国也存在较大差距。日本是再生资源产业发展较快的国家之一,目前,废塑料、废橡胶的回收率已达90%,生活废弃物的回收率达25%～30%,并已建立比较成熟的废旧物资回收网络和交易市场。

我国废旧资源回收处置行业与发达国家存在较大的差距,究其原因主要如下:

(1)我国的废旧资源回收处置法制不完善,在实际操作中出现许多法律

旧电视机回收

空白,而且管理体制涉及许多机构和组织,它们相互之间的分工协作仍不清晰明了,很大程度上阻碍了废旧资源回收处置的健康有序发展。

(2)我国废旧资源来源分散,集中处理的投入较大,很难形成集约化的规模生产,受经济利益驱使,大量个体化粗放加工处理、随意取舍的现象仍然存在,导致很多资源都没有用在"刀刃"上。

(3)废旧资源回收处置技术亟待进一步升级。如废纸、废玻璃、废金属,甚至废旧家电中还有相当一部分部件可以重复利用和作为再生资源,如果能采用先进工艺进行处理,这些废旧家电不但不会危害环境,而且将产生良好的经济和社会效益。事实上,由于在废旧资源回收处置过程中存在诸多技术限制因素,不仅回收处置工艺复杂,处理成本高,甚至还会造成二次污染,导致许多废旧资源成为"鸡肋"。

以一台废旧冰箱为例,传统的废冰箱拆解方式只能通过人工辅以机械的方法,将有用的铁、铝、铜进行回收,其余资源未能得到有效利用;而如果先通过冷媒回收机对压缩机里面的氟利昂、润滑油进行抽取,再拆除冰箱的其他附件,然后进入四轴破碎机进行破碎处理,再依次通过磁选系统、风选系统、涡电流装置,最终分离出铁、泡棉、有色金属铝铜、塑料等材料。该工艺进行系统化处理之后,一台普通的废冰箱可回收9千克塑料、0.6千克铝、38.6千克铁、1.4千克铜,利用这些再生资源可以再造45个塑料储物盒、50个350毫升的易拉罐、38.6千克哑铃、1 400克铜条,而且能将氟利昂进行彻底回收,还能使聚氨酯泡棉得到再生利用,同时也消除了危险废物对环境的污染。

  鉴于目前我国废旧资源回收处置行业基础薄弱,企业市场竞争能力、技术服务能力和人员素质尚待提高,不仅需要通过技术的革新和提高,还要制定相关的法规和补贴政策,通过"经济杠杆"来促使废旧资源回收处置行业向"专业化"和"市场化"方向发展,只有这样,我国废旧资源这块被冷落的"金子"才会早日发光。

环境贸易与金融服务

当前全球的环境服务业的投融资方式既有相同的地方,也有不同之处。从美国、欧盟以及日本的投融资可以看出,当前环境服务业的投融资方式基本呈现出以下共同点:

(1) 投资主体多元化;

(2) 投融资方式多样化;

(3) 投资力度大;

(4) 政府、企业责任明确,发挥各自的效用。

在对环保产业发展的融资方面,各国都离不开政府的财政支持和资助,但在一些公共设施领域及一些具有优厚回报率的产业发展方面,商业公司、私人部门都积极地被吸引了进来,而政府与私人部门之间的合作等融资手段也不断地涌现。

综合来说,国外发达国家通过金融、财政等手段来加大对环境服务业的资金投入,具体方式有:政府的财政支持、会计预算、环境基金、环境保险、发行市政债券、转移支付;公私合作(PPP、BOT 等)、银行等金融机构的贷款融资、企业上市、企业发行债券、排污许可交易等。环境服务业发展必须要以强大的资金投入力度作支撑,环境投入的民营化、多元化、商业化、市场化、国际化将推动环境服务业快速发展。

环保产业的未来在于服务

自20世纪90年代初起步开始,环保产业就是设备行业,其产业形态就是制造业。地方政府或者污染企业可以自己投资建污水处理厂,自己运营和管理,但设备需购置别人的;随后工程行业逐步放开,进入以工程为主导的环保产业时代;接着是运营的开放,由于环境问题越来越复杂,光靠政府的能力难以满足社会的环保需求,需要一个专业化的提供方式,自己不干,去采购第三方的服务,即进入一种新的时代——环境服务业时代。

目前,美国环境服务业的年产值在环保产业中的份额已在50%,我国只有不到20%。而随着服务模式的转型,人们对环境需求的增加和支付意愿的加强,环境服务业的产值空间将非常大。以餐饮为例,吃饭是天经地义的事,但是把餐饮市场化需要一个过程。最初人们自己做饭,需要到外面购买大米、蔬菜及各种烹饪调料;随着生活水平的提高,有些人开始请保姆帮忙做饭,保姆行业也是一个产业;慢慢地,又发展到去餐馆吃饭,不在家做了,于是便形成了餐饮服务业。餐饮服务业的比例越大、产业的成熟度越高,标准化程度就会越高。

同样道理,环境服务业的比重提升是产业成熟的标志,会对产业产生深远的影响,其发展标志着一国环境产业发展的整体水平。从国际环境服务业发展的演变历程来看,20世纪70年代以前,环境服务业在环境产业中还微不足道;但20世纪90年代以后,随着经济全球化、环境全球化趋势的加强,环境服务业在国际环境市场中的份额不断提高,成为最具发展潜力的环境保护产业领域。例如1980年美国环境服务业的收入为22.9亿美元,仅占当年环保产业总收入的39%;然而2007年美国环境服务业的收入达140.3亿美元,是1980年的6倍,占当年环保产业收入总额的47%。在欧美发达国家和地区,环境服务业占环保产业的比例通常在50%以上,这个比重的增大被视为环保产业走向成熟的标志。

然而,我国环境服务业的年产值在环境产业中所占的比重相比于发达国家要小很多,这也就可以看出我们的环境产业结构在一定程度上的不尽合理;同时也说明,我国环境服务业的发展空间还很大。

  发展环境服务业,不仅有利于实现污染治理专业化,还有利于保持环境质量稳定,防范环境风险。仅2010年全国水污染治理行业形成的技术服务与装备制造的生产总产值已达到1 830亿元,其中工程设计施工领域的销售总收入约407亿元,设备生产销售领域的销售总收入约680亿元,设施运营服务领域的销售总收入约113亿元,其他服务业的销售总收入约510亿元。由此可以看出,我国服务业的发展势头强劲,前景广阔。"十二五"期间,我国加快了服务业的发展步伐并加重了服务业的比重,环境服务业的发展将成为促进环保产业向更高层次发展的突破口,成为推动环保产业升级转型的重要推动力。

节能环保产业
JIENENG HUANBAO CHANYE

资源循环利用

工业固废的循环利用

随着我国经济的飞速发展,我国的工业取得了长足的进步。但是在种类繁多的物质生产过程中也产生了许多工业废弃物,工业固体废弃物就是其中的重要组成之一。

什么是工业固体废弃物

工业固体废弃物是指生产、经营活动中产生的所有固态、半固态和除废水、废液以外的废物。按危害程度,工业固体废弃物可分为一般工业固体废弃物和危险工业废弃物。一般工业固体废弃物包括粉煤灰、冶炼废渣、炉渣、尾矿、工业水处理污泥、煤矸石及工业粉尘等。危险工业废弃物是指易燃、易爆,具有腐蚀性、传染性、放射性、有毒有害的废物。

工业固体废弃物的种类繁多,成分繁杂,数量巨大。传统的处理方法通常是将工业固体废弃物当做垃圾以堆存和填埋,这样不仅占用大量的土地,而且在自然界的风化和雨淋的作用下,还会造成有害成分四处扩散,对土壤、水体和大气造成污染。例如冶炼废渣含有多种有毒物质,会对土壤造成严重危害——废渣中的有毒可溶成分随雨水从地表向下渗透并进入土壤转化,使土壤富集有害物质,以致渣堆附近土质酸化、碱化、硬化,甚至发生重金属和放射性等污染。此外有毒物质还可通过风吹、雨淋或人为因素进入地表水,有些企业甚至将工业废渣或垃圾直接倾倒入河流、湖泊或沿海海域中,造成了更大的污染。工业固体废弃物在堆放过程中,会因有机物质的分解产生有害气体而造成空气污染。除此之外,废渣在堆放运输过程中造成的粉尘污染的危害也是十分严重的。

其实,工业固体废弃物具有"污染"和"资源"的双重性质。也就是说,如果管理、处置不当,工业固体废弃物就成为污染,对生态环境造成危害;而如果管理、处置得当,工业固体废弃物就会成为资源,产生经济效益。随着技术与管理水平的提高,传统资源日益枯竭,工业固体废弃物的回收利用越来越引起人们的重视。

工业固体废弃物的价值

不同的工业固体废弃物具有不同的利用价值。与发达国家及地区相比，我国工业固体废弃物的再利用率较低，其管理、处置和利用水平相对落后。目前，我国的工业固体废弃物处置和再利用大都还停留在筑路、填埋、农用和生产建材等低层次阶段，远不能满足环境保护和经济发展的需要。目前，我国工业固体废弃物回收再利用是以提取金属、生产建材、回收能源为主。

工业固体废弃物

从工业固体废弃物，特别是从采掘与冶金尾矿中提取有价值的金属是工业固体废弃物回收、再利用的重要途径之一。目前我国黄金产量的10％，白银产量的90％，硫产量的47％，钢产量的33％，甚至铂产量的全部，都是从工业固体废弃物中提取获得的。但是，目前我国矿产资源回采率仅30％，是发达国家的40％～50％。粗放型经济增长模式，导致我国大量的可利用矿产资源被白白浪费，加剧了资源耗竭和环境污染。

用粉煤灰、炉渣、煤矸石等工业固体废弃物生产建材,一般不会产生二次污染,是化害为利的好方法。工业固体废弃物可以生产碎石、水泥、建筑制品(如砖块,大型墙体材料)、铸石和微晶玻璃、矿渣棉和轻骨料等。在建筑行业中,工业固体废弃物的用途越来越广,发展前景光明。例如,以钢铁生产熔渣为原料,制备掺量大(钢渣35%)、性能优良的复合硫铝酸盐水泥,其各项性能指标均可达 P·C 32.5 级复合硅酸盐水泥国家标准的要求;而以高掺电石渣为原料的煅烧水泥熟料新型干法工艺,使电石渣废弃物成为水泥生产的优良钙质原料,该工艺已形成1 150万吨的水泥熟料生产能力,新增工业产值23亿元。

工业固体废弃物利用的未来发展方向

由于工业固体废弃物的种类较多,在目前情况下,我国还不能全面控制、处理和利用所有的废弃物。根据其特殊性,参考发达国家对工业固体废物的管理及资源化经验,对于我国有着重要的借鉴意义。要不遗余力地加强法制建设和政策扶持,鼓励技术创新,将工业固体废弃物的综合利用作为重点发展方向,以实现资源化和减量化,解决环境污染并实现经济效益、环境效益、社会效益的统一。只有这样,我们才能实现真正意义上的"变废为宝"。

共伴生矿的综合开发利用

矿产资源是自然界赋予人类的宝贵财富,是人类社会生存和发展必不可少的物质基础。如果没有这些矿产资源,很难想象我们现在的生活会是什么样子。矿产资源与其他许多自然资源不同,它属于一次性资源,它的数量正随着不断开采而日益减少。如何更加充分地利用好这些矿产资源成为当前矿产资源开发的一个重要问题。

共伴生矿是矿产资源存在的一种普遍形式。高纯度的单一矿种存在很少,更多的是存在几种甚至十几种矿物并存的共伴生矿。共伴生矿分为共生矿产和伴生矿产两类。共生矿产是在同一矿区或矿床内存在两种或多种符合工业指标并具有小型以上规模的矿产。伴生矿产是在矿床或矿体中与主矿、共生矿一起产出,在技术和经济上不具有单独开采价值,但在开采和加工主要矿产时能同时合理地开采、提取和利用的矿石、矿物或元素。

我国矿产资源丰富,但贫矿多,复合共生矿和难选冶矿产多,且地理分布也不均匀。在我国已探明储量的矿产资源中,共伴生矿床占有相当大的比重,而这些共伴生矿拥有相当高的综合开发利用价值。据相关单位对全国六十余个大型矿区的统计,含两种或两种以上可利用矿产的矿区占统计总数的95%以上,其中85%以上是拥有多种元素的综合性矿产,尤以铅锌矿床伴生矿最多,可达五十余种。通过相关部门估算,我国矿产资源的储值在90万亿元以上,而伴生矿的潜在价值可占到总值的35%以上。有相关专家对二十多个已探明储量矿区的伴生组分的统计表明,其潜在经济价值可达1 600亿元,占这些矿区总潜在价值的37%以上。如广东大宝山地区金属矿丰富,其中伴生元素达17种之多,若能全部回收利用,则潜在价值可超过100亿元。

煤的共伴生矿及其开发利用

含煤地层和煤层中的共生、伴生矿产的种类很多。含煤地层中有油页岩、高岭土、耐火黏土、铝土矿、膨润土、硅藻土、石墨、硫铁矿、石膏、硬石膏、石英砂岩等;煤层中除有煤层气外,还有镓、锗、铀、钍、钒等微量元素和稀土金属元素;含煤地层的基底和盖层中有石灰岩、大理岩、岩盐和泥炭等几十种伴生矿产。油页岩、煤成气和煤层气就是其中典型的可开发利用的共伴生矿产。

油页岩又称油母页岩,它和石油一样,是由藻类等低等浮游生物死亡后经过腐化作用和煤化作用混同泥沙变成的,也可以用来炼油。油页岩是一种高矿物质的腐泥煤,是低热值的固态化石燃料。油页岩是人造石油的重要原料,经过低温蒸馏可以得到页岩油、干馏气和页岩半焦;可进一步加工成轻质油品以及多种化工产品,同时还可以直接用作锅炉燃料,产生蒸汽,并进一步用于发电。油页岩干馏和燃烧后得到的页岩灰可用于生产水泥等建筑材料。

世界上已探明的产油率在 4% 以上的油页岩,折合成页岩油约 4 700 亿吨,超过已探明的石油的储量,拥有巨大的开发价值。页岩油与石油很相似,除了液态的碳、氢物质外,还含有少量氧、氮和硫的化合物,经过进一步的加工提炼,可以制得汽油、煤油、柴油等液体燃料,具有与石油相同的作用。

煤层中的分散有机质在煤化作用过程中可生成气体,这些气体移出母质而储集在多孔岩层内,形成有经济价值的天然气藏,称为煤成气。而每层生成的气体经过运移、扩散后的剩余量,包括煤层颗粒基质表面的吸附、游离的气体和煤层水中溶解的气体称为煤层气。煤层气,也就是我们常说的天然气,是一种由煤层自生自储的非常规气体。由于其洁净能源、煤矿安全以及环保等多重效益,煤层气日益受到人们的关注。

煤层气的成分有甲烷、二氧化碳、氮气、重烃气(乙烷、丙烷、丁烷及其他化合物)、氢气、一氧化碳、二氧化硫、硫化氢等,其中以甲烷为主,含量可达 90% 以上,所以煤层气经常又被称为煤层甲烷或者煤矿瓦斯。

从 20 世纪 50 年代开始,我国就开始对煤矿瓦斯进行抽放与利用,但当时的目的主要是为了减少煤矿瓦斯灾害而进行的,直到 20 世纪 90 年代开始,我国才开始从优质能源的利用出发,开展煤层气的勘探试验,并取得了实质性的突破与进展。现在,煤层气的勘探技术已经十分成熟,目前主要的勘探方式可分为地面垂直井、地面采动区井和井下水平孔三种。其中,地面垂直井开采方式具有较大的产气量,机动性强,资源回收率也比较高,可形成规模效益,可以使之成为一种清洁的天然气能源。

金属共伴生矿的开发利用

黑色金属矿产的开发利用

黑色金属矿产主要有铁、锰、铬、钛、钒等。铁等物质表面暴露在空气中常常因氧化生锈,表面会包裹一层四氧化三铁和三氧化二铁的混合物,因其常呈黑色而得名。我国铁、锰矿的储量较大,但以贫矿和共伴生矿居多。铁矿石储量超过 220 亿吨;锰矿石储量超过 2.3 亿吨;铬铁矿有一定的探明储量,但大都分布在偏远地区,开采加工利用仍有不少困难。

铁矿石

有色金属和贵金属矿产

我国有色金属和贵金属矿种齐全,储量大,但是很多都以共伴生矿的形式存在。我国银储量的 90%,金储量的 45%,铂族金属储量的 73% 是以共伴生矿的形式产出的。有色金属矿床是贵金属矿的重要来源。然而我国冶炼技术的不足,导致了开采冶炼的利用效率低下,很多品位低的共伴生组分无法得到充分利用。我国有色矿产资源的总回收率和共伴生矿资源的综合利用率分别为30%和35%,大量的金属矿藏被废弃。日本常常以非常低廉的价格向我国购买尾矿,通过先进的技术手段进行加工提炼,然后制成可利用的金属制品后再返销到中国。这个例子提醒我们要不断革新冶炼技术,从而提高金属的综合利用率。

建材及其他非金属矿产

我国该类非金属矿产具有品种全、质量好的优点。中国滑石以纯度好、白度高、磨耗低等著称,其产量和出口量占世界第一;石墨、膨润土、大理石、沸石、蛭石等新型资源也拥有较多的储量,但也需提高开采和加工技术,使各种矿石得以充分利用。

前景与展望

对于共伴生的矿藏,要大力加强矿产资源的综合利用,提高尾矿及共伴生组分的综合利用率,并且建立健全矿产资源的有偿使用制度,充分利用最新的采、选、冶技术,改进矿产资源的回收工艺,从而不仅使得矿产品种得以增加,同时提高共伴生矿藏的利用效率。这样一来,在矿产开采的同时,共伴生的矿藏不但没有因无法利用而被废弃造成环境污染,反而变成了可以利用的资源,充分体现了清洁生产和循环经济的发展理念,是未来矿产资源开发利用的主导方向。

循环冶金

冶金工业由来已久，它由古代制陶技术发展而来，首先出现的是冶铜。铜的熔点相对较低，而随着陶术的发展，陶术需要的工作温度越来越高，逐渐达到铜的熔点温度。在此条件下，当先民们在一些有铜矿的地方制作陶器时，铜作为附生物质而被自然而然地发现。随着经验的慢慢积累，古人逐渐掌握了铜的冶炼方法。我国考古发掘出土的众多商代以前的铜器和冶金遗物可以充分见证冶金行业悠久的历史。工业革命的兴起以及蒸汽机等先进设备的发明则将冶金行业推到了一个新的高度，并且随着技术的更新换代，冶金行业也逐步走向"绿色化"。

钢铁循环冶炼

工业性的冶金生产，除了从原料中提取金属外，还包括对金属的进一步加工处理。冶金工业是一个能耗高、用水量高、污染高的"三高"产业，在金属的冶炼及加工过程中，将消耗大量的能量和水，同时将产生许多有害气体与金属化合物，对我们赖以生存的大气、水资源和土壤会产生很大的污染。那么，怎么样才能在尽量节能并且环保的基础上发展冶金行业，而又不影响冶金的效率呢？答案就是发展循环冶金。

循环经济是当今发展的方向，以钢铁工业的生产为例，发展循环冶金的概念就是拓展钢铁工业及其周边产业的生产能力，使其不仅具有生产钢铁的功能，同时发展其能源转换、社会部分大宗废弃物处理以及为相关产业输送原料的功能，形成一个以钢铁冶炼为中心的树状的发散型产业链，从而实现物质和能源的循环利用。通过对产品的深加工，优化整体物流链，扩展物质的循环利用领域，从而实现对资源的充分利用，降低原材燃料的消耗，也降低了钢铁产品的成本，原本的废弃物或者工业垃圾亦得到很好的处理，环境得到改善，整体形成一个良性循环，从而大大提高行业的竞争力。

钢铁的冶炼过程主要由炼焦、烧结、高炉炼铁、转炉炼钢、轧钢等几个环节组成。首先通过煤和铁矿石的煅烧将煤炼成焦炭,将铁矿石烧结,然后依次进行高炉炼铁、转炉炼钢和轧钢;炼焦过程中产生的能量不但可以自身回用,同时可以和高炉炼铁、转炉炼钢产生的能量一起用于轧钢,形成一个能量的中循环,这些能量转化成电能,既可以传输到电网中用于其他生活用电和工业用电,也可以用于铁矿石的烧结;同时其周边居民区产生的生活有机质垃圾还可以参与高炉炼铁,这样就形成了一个大的物质和能量的循环。

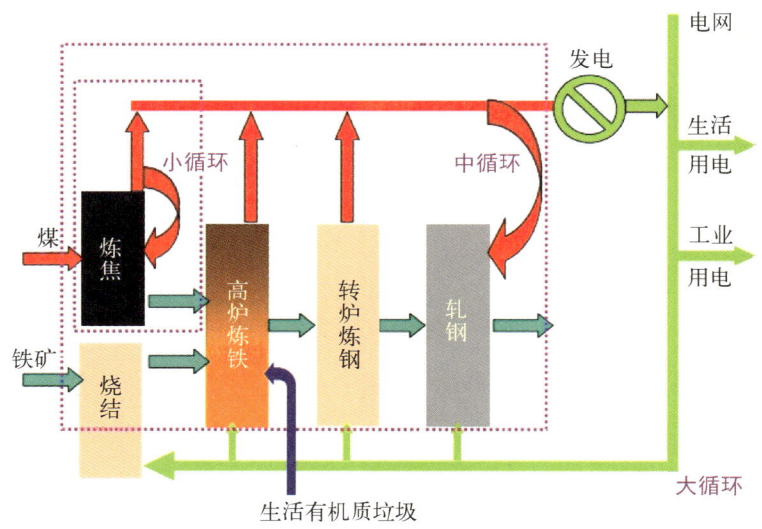

冶金能源循环示意图

粉尘的循环利用

钢铁的冶炼过程中会产生大量粉尘,各类粉尘产生量总和一般为钢产量的 8%～12%。这些粉尘中含有大量的铁、碳,同时也含有较多的氧化钙、二氧化硅、氧化锰、氧化铝等。这些粉尘主要有以下几种用途:

作为烧结原料返回利用　高炉粉尘和转炉粉尘是其主要对象,这是一种传统的利用方法,适合于低锌、铅、钾、钠的粉尘,主要利用其中的铁和碳。

转底炉处理冶金粉尘　这是一种现代的利用方法,适用于各类粉尘的处理,不仅可以利用铁和碳,而且还可以提取其中的锌、铅等有色金属,并且分步分离钾、钠。

特殊冶金粉尘处理　如电炉粉尘的含锌量很高,通过鼓风炉以及回转窑等火法处理方法可以回收90%以上的锌。此外,烧结电除尘灰中含有20%以上的氯化钾和较高含量的氯化钠,不适宜直接作冶金原料,而烧结电除尘灰是优质的钾资源,提取钾后,粉尘可作为烧结原料。

炉渣的循环利用

高炉渣主要成分为:42%~44%的氧化钙,40%~44%的二氧化硅,6.5%~7.5%的氧化锰,以及7%~8%的氧化铝,熔化温度在1 307~1 313℃。其中,很多成分都是普通水泥的主要成分。所以我国生产的水泥70%以上都掺用高炉渣。工业上也会将水渣中配入激发剂加水混合成砂浆后与粗骨料混合配制成混凝土,还有的将高炉渣重溶,配加硅石等调整成分,用高压空气喷吹或高速离心工艺,生产矿渣棉等大尺寸的保温材料。

钢铁冶炼会产生大量粉尘

钢渣同样可以回收利用,钢渣中含有44%~45%的氧化钙,同时含有大量的氧化镁、二氧化硅、氧化铝、氧化铁等成分,通过钢渣与高炉水渣以及石膏按比例混合,可以生产水泥;加入一些其他原料还可用作冶炼熔剂;钢渣碎石还可作为道路基石或沥青混凝土路面骨料,但需要解决游离氧化钙水化问题;钢渣中含有5%~20%的磷和大量的二氧化硅和氧化钙,因此还可以用作农业生产中的磷肥和硅钙肥。

废钢的循环利用

废钢的利用具有非常重要的意义。如果用矿石炼钢,每吨钢材需要消耗1.11吨标准煤;而如果使用废钢炼钢,能耗仅为0.2吨标准煤/吨钢。利用废钢炼钢不仅能大大节约煤的用量,同时也减少了88%因烧煤过程而产生的空气污染,并且减少90%以上的废弃物排放问题。随着钢材使用量的增大,废钢循环利用的比例也将逐步提高,这不失为节能环保的一条极好途径。

前景与展望

循环冶金是循环经济的一种体现形式。我国人口众多,资源相对匮乏,经济增长方式又尚未完全转型为集约型的生产方式,经济增长仍然需要依靠大量的资源消耗来实现。目前我国每吨粗钢生产所消耗的能源仍然与发达国家有较大的差距,节能技术相对落后,二次能源的转换效率较低,同时还有大量低品质的预热尚未回收利用。如果继续沿用粗放型的经济增长方式,不仅资源紧缺的问题会日益严峻,环境的污染问题也会愈发严重,因此循环经济的理念势在必行。"减量化、再利用、资源化"的原则充分阐释了以低消耗、低排放、高效率的生产理念实现废弃物的再生利用和充分利用,以最节能环保的方式产出最优质的产品的新型循环经济模式。

粉煤灰

我国是个产煤大国,以煤炭为生产和生活的基本燃料。近年来,我国的能源工业稳步建设,电力工业发展迅速。然而火力发电厂周边地区却烟尘滚滚,燃煤热电厂每年所排放的粉煤灰总量逐年增大,给我国的经济建设和生态环境造成巨大的压力。发电厂以及储灰场周围的粉煤灰常常遮天蔽日,不仅污染空气,其中的硫以及重金属元素随着降尘也对土壤和水体造成了长期污染。我国粉煤灰的年产量已经达到了4亿吨,相当于我国城市生活垃圾总量的两倍,给我国经济建设及生态环境造成巨大的压力。

而我国恰恰又是一个人均占有资源储量有限的国家,因此粉煤灰的综合利用、变废为宝、变害为利,已成为我国经济建设中一项重要的技术经济政策。

什么是粉煤灰

粉煤灰是煤粉经高温燃烧后形成的一种似火山灰质混合材料。燃烧煤的发电厂将煤磨成100微米以下的煤粉,用预热空气喷入炉膛成悬浮状态燃烧,产生的混杂有大量不燃物的高温烟气,在高温的作用下部分熔融,同时由于其表面张力的作用,形成了大量细小的球形颗粒。然后,在锅炉尾部引风机的抽气作用下,含有大量灰分的烟气流向炉尾,并随着烟气温度的降低,一部分熔融的细粒因受到一定程度的急冷而呈玻璃体状态,从而具有较高的潜在活性。最后,在引风机将烟气排入大气之前,上述这些细小的球形颗粒,经过除尘器,被分离、收集,即为粉煤灰。粉煤灰的化学组成与黏土相似,主要成分为二氧化硅(45%~65%)、三氧化二铝(20%~35%)、三氧化二铁(5%~10%)和氧化钙(5%)等。

粉煤灰是以颗粒形态存在的,且这些颗粒的矿物组成、粒径大小、形态各不相同,主要分为珠状颗粒和渣状颗粒两大类。其中珠状颗粒包括空心玻珠、厚壁及实心微珠(沉珠)、铁珠(磁珠)、炭粒、不规则玻璃体和多孔玻璃体五大品种；渣状颗粒包括海绵状玻璃碴粒、炭粒、钝角颗粒、碎屑和黏聚颗粒五大品种。正是由于这些颗粒各自组成的变化，组合的比例不同，才直接影响到粉煤灰质量的优劣。

粉煤灰的用途

粉煤灰产量大，用途广泛，具有可观的经济价值。粉煤灰主要用来生产粉煤灰建筑材料，还可用作农业肥料和土壤改良剂，亦可用作工业原料和环境净化材料。

粉煤灰在建筑材料行业用途广泛。在混凝土中掺加粉煤灰可节约大量的水泥和细骨料（三氧化二铁与氧化钙均是水泥的原料；细骨料主要指具有粒径小于 5 毫米的岩石骨料，最常用的就是河砂），减少用水量，并可改善混凝土拌和物的物理特性，使其具有更好的可泵性，减少了混凝土的徐变和水化热、热能膨胀性，并提高混凝土的抗渗能力，增加混凝土的修饰性。此外，粉煤灰还可用来生产粉煤灰水泥、粉煤灰砖、粉煤灰硅酸盐砌块、粉煤灰加气混凝土及其他的建筑材料。这些材料大都具有多孔轻质、耐热保温、成本低廉的特点。

在农业领域，粉煤灰可用作农业肥料和土壤改良剂：粉煤灰中含有大量的枸溶性硅钙镁磷等农作物所必需的营养元素，是非常适合农作物的化学肥料。此外，粉煤灰还具有良好的物理化学性质，能广泛应用于改造重黏土、生土、酸性土和盐碱土，弥补其酸、瘦、板、黏的缺陷，改良土壤的性质，使之更适合耕种。

粉煤灰中含有多种可用、有用的工业原料。使用浮选技术，可以回收粉煤灰中的煤炭；粉煤灰中含有氧化铁、氧化铝和大量的稀有金属，值得充分利用。目前，一个年产 3 000 吨氧化铝的工程项目已由大唐国际发电股份有限公司在内蒙古建设完成，并已打通全部工艺流程，生产出了第一批氢氧化铝。利用高铝粉煤灰生产的铝产品将包括铝硅铁合金、铝硅初始合金、铝硅钛合金，以及氧化铝、电解铝、白炭黑和活性碳酸钙等。其中，铝硅钛合金广泛应用于航空航天、汽车工业和机械制造领域。粉煤灰在高温快速冷却过程中还会形成大量的空心微珠，具有质量小、强度高、耐高温和绝缘性好的特性，是理想的塑料填料，也可用于轻质耐火材料、高效保温材料、石油化学工业甚至军工领域，例如制造坦克刹车和轻武器部件。

粉煤灰在环保领域一样可以大显身手。粉煤灰不仅可用于处理含氟废水（粉煤灰中含有的氧化铝、氧化钙等活性组分，能与氟生成配合物或生成对氟有絮凝作用的胶体离子）、电镀废水与含重金属离子废水和含油废水，而且其中的沸石、莫来石、炭粒和硅胶等成分还具有无机离子交换特性和吸附脱色作用。同时，粉煤灰多孔、颗粒多样性的特点，也可用来制造或与其他材料混合制造分子筛、絮凝剂和吸附材料等环保材料。

综合利用粉煤灰，变废为宝，符合我国大力发展循环经济的国策。在我国支持环保节能的大力政策扶持下，粉煤灰的利用前景一片光明。

浑身是宝的废旧汽车

21世纪的第一个十年是中国汽车业突飞猛进的十年。2000年我国汽车产量不及美国的1/6,销量不及美国的1/8。经过十几年的发展,2013年,我国实现汽车产销2 211万辆和2 198万辆,销量是美国同年的1.4倍。

在这喜人的成果背后,我国每年因达到使用年限和事故报废的车辆数量也是惊人的。据统计,我国2011年报废车辆数量就达到了400万辆,带来了严峻的环境和资源问题。在汽车报废后,如果不能及时拆解和回收,汽车产品中的有害物质如铅、汞、镉、六价铬、多溴联苯和多溴二苯醚等将对生态环境和人体健康造成严重危害;而报废汽车在回收拆解、材料分离和再利用等环节,由于缺少相关的规范监管和引导,也有可能造成二次污染。

废旧汽车

汽车再生资源利用

汽车再生资源利用包括废旧汽车的回收、拆解、再利用(再使用和再制造)和再循环(产品设计与资源再生)等活动。

汽车再生资源利用的第一步是回收拆解。拆解企业将回收来的报废车辆油箱内剩余的汽油放掉,然后将空调、蓄电池和废机油等对环境危害大的废弃物收集起来,交由专业处理公司采取措施专门处理;将重要的零部件拆下,通过一定的检验标准之后,再将符合回用标准的送回汽车修理厂作为备用零件,不符合标准的则作为回收材料进行再生处理。剩下的以车体为主的轻抛料,连同车座等一起,在拆解工厂用专用设备压成块后交到金属切片厂。在金属切片厂首先通过一套专用设备进行预加工,即进行初步粉碎和分选,然后再进入粉碎机加工、分选后,最终能生产出七八种产品,除废钢铁块销售给钢铁企业外,铜、铝、塑料、橡胶等产品则分别供应给其他用户。终端垃圾(不能利用的铅、塑料、纤维、橡胶、少量金属等混合物)则被送往垃圾填埋场填埋或者进入垃圾焚烧发电站作为能源使用。一辆质量为1 000千克的汽车中,含金属700~750千克,非金属物质150~200千克,其中包括约95千克的塑料。随着汽车制造业中轻质材料用量的增大,2015年以后需要回收的非金属物质的比例将更大。目前,美国大约有1.15万家汽车零部件回收商,汽车回收业每年向美国钢铁冶金行业提供的废钢铁占冶金业回收量的1/3还多;从事汽车零部件再制造生产的大小企业有五万多家,产值达360亿美元。

汽车的再生资源利用不仅仅体现在报废后的处理,在汽车的设计、制造过程中,易回收拆解、可回用性也应作为重要因素纳入考虑。目前,各大国际汽车制造巨头均投入了大量资源来研究汽车的可拆解结构和适用的有效拆解方法,并在汽车从设计制造到报废为止的整个寿命周期内,尽可能使废弃物减至最少,使有限的资源得到有效的利用。丰田、奔驰、宝马、通用等汽车巨头的报废汽车零部件回收率均已达到80%以上,部分零部件如旧塑料保险杠等的回收再造,比使用原始材料更加节约生产成本。

废旧汽车的零部件

汽车再生资源循环利用在我国的发展

在我国,由于汽车工业起步较晚,与之相对应的汽车再生业也处于比较初级的阶段,与发达国家存在较大的差距。我国大约80%的报废车辆未能进入回收利用程序,成为交通安全和环境保护的隐患。同时,汽车回收利用技术也相当落后,汽车再生资源利用率低。目前,我国还没有统一的汽车回收与再生资源利用的技术规范,基本依靠原始手工操作;汽车再生资源利用主要以原材料的回收为目的,但采取的主要是破坏性的拆解方式,并且没有采用有效的分离手段,使获得回收的材料成分混杂,再生利用价值低,造成回收价值极高的材料如铝、镁等严重流失。并且由于废旧汽车再生资源的有效回收和利用的法规还不完善,缺少汽车再生资源有效利用的技术支持,因此对可再生零部件和原材料的循环利用深度不够。

截至2012年年底,我国报废汽车回收拆解企业达到522家,从业人员2.6万人,资产总额103亿元。2012年,实现销售总额78.5亿元,回收报废机动车115万辆,同比增长0.5%,其中,回收报废汽车60万辆,同比增长

6.1%,回收废钢铁、废有色金属、废塑料、废橡胶等各类资源约 200 万吨。

汽车再生资源循环利用对资源综合利用、环境保护、提供就业机会等方面都有积极的影响。我国应提高报废汽车回收、再制造的利用率;完善以保护环境为目的的立法,调整产业布局;加强科学管理,增加科技投入,提高回收利用水平,减少环境污染;推动企业规模化、市场化的进程,引入多元投资渠道,加大企业技术装备改造力度,推进技术进步,促进汽车再生资源利用产业健康、有序、稳定、协调地发展。

废油也有大用途

近年来,随着经济的发展,我国各个领域都是一幅欣欣向荣的景象:工厂里井井有条的自动化生产线,建筑工地上轰鸣的机械,马路上忙碌的车流,大海中破浪前行的万吨巨轮等,无一不为人们的生产生活带来了很大的便利。然而,机械文明也相应带来了各种环境问题,废油就是其中对环境危害极大的问题之一。

什么是废油

废油是指已经使用过的、全部或部分由矿物油或合成碳氢化合物(合成油)、油罐内残余物、油和水的混合物以及乳浊液组成的半同体(有一定杂质存在)或液状物体。润滑油、液压机液体、传热液体、浮力液体在一定时间的使用之后,其性质发生改变,已经不再适合原来的用途,变成了废油。

为何要循环利用废油

废油含有多种有毒物质,如果把废润滑油倒入土壤,可导致植物死亡,被污染的土壤内微生物灭绝。一大桶(200升)废油流入水体,能造成3.5千米^{2}水面的污染。由于油膜的阻断,水中氧气得不到补充,会直接导致水生植物的死亡。废油所含的氯、硫、磷等有机化合物具有很强的毒性,若流入土壤和水体中会对人类和其他生物造成严重的危害。实验证明,如果废油中的有毒物质通过人体和动物表皮渗透到血液中,并在体内长期积累,会导致各种细胞丧失正常功能,是公认的致癌和突发病变的化合物。

我国作为人口大国,面临着严峻的资源短缺问题。据统计,仅2010年,我国润滑油消费量就达到了680万吨。据预计,到2015年我国润滑油产量可达780万吨,届时将超过美国,成为世界头号润滑油消费大国——同时也是世界头号产废油大国。对废油实行循环加工再利用,不仅能保护环境,而且有着回收有用资源、实现循环经济的重大意义。

如何利用废油

不同种类的废油有着不同的性质,因此也有着不同的再利用途径,大体可分为燃料油和再生润滑油两类。

将废油回收做再生润滑油,是指将废油回收之后通过过滤、蒸馏等手段除去废油中的轻质油品和水、金属等杂质,使之再生成为可以再次使用的合格成品润滑油。据统计,再提纯废油所消耗的能量仅是把原油制造成润滑油的1/3;并且使用原油提炼基础油(润滑油、液压油等)的产品率很低,大约5吨原油才能取得1吨基础油,所以废油再生有着非常可观的经济效益,具有很大的市场化潜力。不仅如此,废油再生过程也避免了废油中的重金属等有害物质进入环境,对环境保护也有着积极的意义。

废油做燃料油是指通过催化裂解、分馏等手段将废油转化成柴油、汽油等燃料油品。随着技术的进步,新的催化剂的发现将进一步提高产率,大大提高废油的利用价值,缓解目前燃料油供应紧张的局面。

我国废油回用的现状与前景

近十年来,我国在废油回用领域取得了一定的进展。如浙江湖州在建10万吨润滑油再生装置和10万吨糠醛精制油装置,该项目生产中有大约3%的裂解轻质油生成。这些裂解组分因为含有大量的不饱和烃,其化学安定性极差,不宜直接作为车用燃料使用。因此配套建设了2.4万吨电化学醚化甲醇汽油装置,利用电化学醚化技术将其加工成醚化汽油(或甲醇汽油添加剂),生成辛烷值较高的车用清洁汽油。该技术已由深圳宾源石化新技术有限公司开发成功,并经河南省科技厅完成了科技成果鉴定。在中原油田和河南油田已完成了工业化试生产,使用情况良好,实现了废油的基本完全回用。

但是,目前我国废油回用的大格局依然是:处理和利用设施落后、处理技术水平低,个别地区还处于加工作坊和无序排放状态,如国内存在黑炼油窝点从汽车修配厂购买废油后,经过"冒黑烟"的土办法炼出汽油、柴油,然后售给油库或加油站。这种不纯净的混合油不仅会给汽车发动机造成损害,严重的还会引起爆炸,并且炼制过程会严重污染环境。这种现状不仅造成了资源大量浪费,而且还产生了严重的二次污染。

  欧美等发达国家早在20世纪四五十年代,就开始重视发展废油再生,并逐步通过立法、财政补贴、减免税等措施,促使废油再生业健康发展,如美国目前的废油回收利用率就已达到了50％以上。与之相比,我国还有很长的路要走。我国应当借鉴发达国家的先进经验,制定和完善一系列严格的废油产生、回收、储运、再生产加工等法律、法规;给予回收、再生企业适当的优惠政策,尽早建成废油"回收网络";对回收、再生企业实行许可证制度;推进、鼓励对废油加工的科学研究,不断提高废油回收工艺和防治二次污染的水平。只有这样,才能发展废油再生产业,促进经济与环境和谐并进。

餐厨垃圾的循环利用

在几分钟前的餐桌上,它们还是美味佳肴,而在几分钟后的垃圾筒里,它们已经变成了餐厨垃圾或者厨余垃圾,也就是我们通常所说的泔脚。餐厨垃圾是有机垃圾的一种,泛指生活饮食中所需要的生料、成品以及残渣,主要分为熟厨余垃圾和生厨余垃圾两类。熟厨余垃圾主要有剩饭、剩菜、菜叶等。生厨余垃圾有果壳、蛋壳、茶渣、骨头、贝类等。广义的厨余垃圾还包括筷子以及使用过的食品包装袋等。这些餐厨垃圾极易腐烂变质,散发出种种恶臭,同时还能传播细菌和病毒。应该怎样合理处理处置这些餐厨垃圾呢?不同的国家由于饮食结构的不同,餐厨垃圾的物料特性也有差异,所以对餐厨垃圾的利用方法也不一样。欧洲国家多将餐厨垃圾与其他有机废物混合后采用堆肥的方式处理;美国、爱尔兰等则将餐厨垃圾统一收集,根据其特性分类后进行堆肥或作其他用途;韩国则以就地堆肥作为主要途径。总的来说,

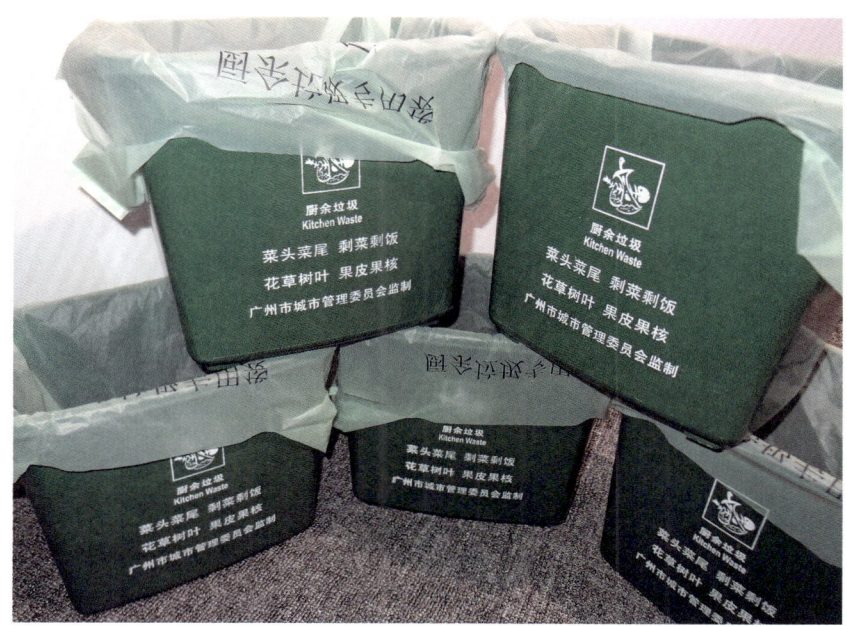

厨余垃圾筒

由于餐厨垃圾的含水率比较高,所以世界各国很少采用焚烧方法对其处理利用,厌氧或者好氧堆肥是餐厨垃圾处理的主要方式。

丰富的资源

餐厨垃圾是美味佳肴的副产品,其中包含了丰富的营养物质,其主要成分是油脂和蛋白质,同时富含氮、磷、钾、钙及其他微量元素,营养成分齐全,具有很高的再利用价值,可以代替玉米、鱼粉、豆粕等加工成高蛋白优质饲料,也是制取生物柴油的优质原料。

据专家介绍,餐厨垃圾的含水率较大,一般在80%以上。按干物质含量计算,5 000万吨餐厨垃圾相当于500万吨的优质饲料,内含的能量相当于每年6 667千米^{2}耕地的能量产出量,内含的蛋白质相当于每年13 333千米^{2}大豆的蛋白质产出量。也就是说,如果我国一年产出的餐厨垃圾全部得以利用,就相当于节约了6 667千米^{2}耕地。如今我国耕地紧张、粮食短缺,每年都需要从国外进口大量的粮食饲料,如果能合理利用好这些餐厨垃圾,将其变为可用的资源,在一定程度上可以解决部分粮食饲料问题。并且,这种资源的有效配置同时又解决了这一部分生活垃圾的后期处理处置问题,符合资源的减量化、再利用、资源化的特点,是发展循环经济的生动案例。

泔脚能直接喂猪吗

由于餐厨垃圾富含有机质,所以在很多地方都会用泔脚直接喂猪,这样做合适吗?答案是否定的。这些营养丰富的餐厨垃圾极易成为各种病原微生物及各种携带病原微生物的蝇虫的生长繁殖地。有关部门在对泔水中的微生物进行分析检测时,发现有金黄色葡萄球菌、结核杆菌等细菌大量繁殖,这些细菌都是具有强烈感染性的致病菌,一旦在环境中扩散传播,将导致不可估量的严重后果。资料显示,用泔水喂养的猪,其发病率比正常饲养的猪高30%~50%。"泔水猪"不但容易引起动物感染十多种传染病,而且由于病原体寄生在猪的体内繁衍,还可造成多种人畜共患病的交叉感染。因此,从保证食品安全,维护人体健康的高度来讲,"泔水猪"问题绝不能小觑。

餐厨垃圾处理方法

目前,国内外的餐厨垃圾处理技术主要有物理处理、好氧堆肥、厌氧发酵三类。通过这些处理方法可以有效地将餐厨垃圾变废为宝。

物理处理

物理处理分为破碎直排和脱水干燥制干饲料两种。破碎直排是欧美国家处理少量餐厨垃圾的主要方法,它是将餐厨垃圾粉碎后由水冲刷排入下水管道,由城市污水处理厂来进行处理。这种方法简单方便,成本较低,且能降低城市垃圾含水率,在处理少量餐厨垃圾时具有一定的优势。但也有很多不足,如用水量较大,会增大城市的水处理难度;处理不当,会污染城市排水管网,滋生病菌、蚊蝇并传播疾病等。脱水干燥法是将收集的餐厨垃圾以来源分类、破碎、计量配方、脱水后,至储存槽累积,分批汇总,送入搅拌槽进行蒸煮灭菌、发酵或干燥处理后,制成半成品送至半成品贮桶,再依所需进行造粒或粉剂,制成鱼、禽、畜饲料或有机肥料。此法符合充分资源化利用餐厨垃圾的目标,但是成本较高且需要一定的技术支持。

好氧堆肥

堆肥是利用含有肥料成分的动植物遗体和排泄物,加上泥土和矿物质混合堆积,在高温、多湿的条件下,经过发酵腐熟、微生物分解而制成的一种有机肥料。这种处理方法简单,且堆肥产品中氮的含量高,具有很高的农用价值。但是堆肥过程占用场地大,处理周期长,病菌难以杀死,而且处理过程中产生的废气废水很容易造成二次污染。此外,餐厨垃圾高油、高盐的特性也给堆肥过程带来困难。由于饮食结构的差异,餐厨垃圾往往物料差别很大,根据废物的不同特性,进行分类处理或者采取其他利用方法是未来主要的发展方向。

厌氧发酵

餐厨垃圾的厌氧发酵主要是利用厌氧微生物的作用将有机物通过其自身的代谢活动转化为二氧化碳、水和甲烷的过程,同时还会产生少量的氨气和硫化氢。由于产甲烷菌等微生物为严格厌氧菌,必须在严格厌氧的环境下才能生长良好,所以厌氧发酵过程要求较高的厌氧环境。甲烷是一种可燃性气体,是沼气的主要成分。沼气可以用来供暖或者发电,是很好的燃料。1 米^3 沼气燃烧的发热量相当于 1 千克煤或者 0.7 千克汽油,能发电 1.25 千瓦·时。宁波某工厂以此方法处理餐厨垃圾,处理每吨餐厨垃圾可产生约 72.22 米^3 沼气,以年处理量按 7 万吨计算,可产沼气约 505.54 万米^3,年发电量约 632 万千瓦·时。除去企业自用电量 138.6 万千瓦·时外,尚有 493.4 万千瓦·时的电量可上网外供。所以厌氧发酵不但解决了垃圾的处理问题,还产生了不小的经济效益。

另外,以家庭或小饭店、小超市为单位的小型餐厨垃圾处理装置在国外也得到了一定的发展。在美国,大部分家庭都使用家庭食物垃圾处理机,以解决了倾倒家庭食物垃圾和存放的烦恼,有些城市甚至强制使用。而在日本,餐厨垃圾处理也达到了 35% 以上,松下电子工业公司于 1993 年研制出 MS-N31 和 MS-N40 两种厨房垃圾处理机,3～4 小时可以处理 700 克垃圾,机器内置臭氧除臭器,用以除去垃圾的多种气味。日本精工公司 2000 年 5 月成功地开发出使用磁控管的食物垃圾处理装置。这种装置最大的特点是能够将食物垃圾的水分蒸发掉,经干燥后磨碎。这种装置由于采用微波处理,可同时杀灭垃圾中的细菌并防止产生有害气体,体积如同复印机大小,可放置在室内,底面有轮子可随意移动,因此对市区饮食店和小型超市尤为适用,具有广阔的市场。在未来,发展能直接消灭或者将餐厨垃圾转为有机肥料的生化处理型餐厨垃圾处理机,将是餐厨垃圾处理的主流发展方向。

发展前景

餐厨垃圾造成的污染日益受到重视,许多地区都针对餐厨垃圾的问题制定了相应的措施,而餐厨垃圾的资源化再利用是解决餐厨垃圾问题的良好途径。要做好餐厨垃圾的资源化利用,必须由政府主导,并以立法先行的方式进行,《循环经济促进法》明确了政府在餐厨垃圾资源化利用过程中的主导作用;相应的法律法规出台后要严格执行,同时还要合理发挥市场的作用,选择安全可靠的技术来真正达到无害化、资源化利用餐厨垃圾的目的。相信通过合理的政策引导和良好的市场调节,餐厨垃圾不仅不会成为难以解决的难题,还会为我们创造更多的效益。

农林废弃物也能变废为宝

农林废弃物有哪些

我国是农林业生产的大国,物产丰富,农林业生产技术也日新月异。尽管生产技术相比以前已经有了很大的提高,但是日益增长的农林废弃物也造成了处理的困难。这些废弃物主要是来自农林作物收获和加工过程中所产生的秸秆、人畜粪便、糠皮、山茅草、灌木枝、枯树叶、木屑、刨花等。

我国每年产生的各类农作物秸秆约6.5亿吨,禽畜类粪便约20亿吨,废弃农膜等塑料2.5万吨,蔬菜废弃物1亿~1.5亿吨,肉类加工厂废弃物0.5亿吨;林业废弃物(不包括碳薪林)每年约产生3 700万米^3,相当于标准煤1 000万吨;农林业废弃物的总产量为工业废弃物的3.2倍。

目前,这些废弃物的利用率相当低,农作物秸秆被利用的不超过40%,大多数秸秆都被随意堆放或者就地焚烧,这样的处理方式不但不能使其得到良好的利用,焚烧产生的飞灰烟尘及有害气体还给环境造成了严重的破坏;大量的禽畜粪便未经任何处理就被直接排放到河流湖泊中,严重污染了水体。如今随着种植业、养殖业的不断发展和农业生产水平的逐步提高,农林废弃物的数量也日益庞大。如果它们得不到及时合理的处理处置,对我们的环境产生的负面影响也将越来越大。

那么又应该如何处理处置这些农林业废弃物呢?农林业废弃物中含有大量的有机物,有研究表明,很多农作物副产品的化学能不亚于其主产品,因此农林废弃物的资源化利用蕴藏着广阔的发展前景。比如很多木屑、刨花以及秸秆燃烧产生的灰烬是很好的工业原料;禽畜粪便含有很高的有机物和热能,可以加工再利用生产肥料,也可以用来作为能源燃烧;秸秆不仅可以用于工业生产,因其含有丰富的钾和碳酸盐,还可以还田利用或者饲料化利用;同时秸秆也具有较高的热值,可以作为燃料使用。

这些生物质废物的资源化技术在研究"十一五"期间就得到国家政策的大力扶持。2007年9月,我国政府发布了《可再生能源中长期发展规划》,将

刨花

生物能源确立为可再生能源的重要组成部分,明确提出使用沼气、非粮柴油燃料乙醇和生物柴油等生物能源来部分替代传统化石能源的目标。因此,利用好这些生物质废物具有极为积极的现实意义。

秸秆的综合利用

秸秆的平均有机质含量为15%,平均含碳44.22%、氮0.62%、磷0.25%、钾1.44%,此外还含有镁、钙、硫及其他重要的微量元素。秸秆的蛋白质、可溶性碳水化合物、矿物质和胡萝卜素含量低,而粗纤维含量高,适口性不好,家畜采食量小,消化率低。如果秸秆按传统的田间焚烧方式来利用,仅仅40%的钾能够被利用,其余的氮、磷、有机质和热能则全部损失。同时秸秆经过不完全燃烧会产生大量的氮氧化物、碳氢化合物、二氧化硫和大量烟尘,对大气的污染相当严重。现在,通过秸秆还田技术、饲料化利用、物理化学生物处理、秸秆能源技术以及秸秆工业应用等方法可以使秸秆得到充分的利用。

秸秆炭化还田技术

秸秆炭化还田技术的本质是以秸秆等农林废弃物为原料,利用简易炭化技术制备生物炭,再以生物炭为基质生产炭基肥或炭基土壤改良剂返还给农田，使农田生产力得以提高的系列技术。从宏观上说，秸秆还田能以草养田、以草压草，达到用地养地相结合，培肥地力。微观上，秸秆还田能提高土壤有机质含量；改善土壤理化状况，增加通透性；保存和固定土壤氮素，避免养分流失，归还氮、磷、钾和各种微量元素；促进土壤微生物活动，加速土地养分循环。这种技术成本低廉，同时具有高效环保的特征。

秸秆

秸秆能源技术

秸秆能源技术又分为秸秆直接燃烧供热技术、气化集中供气技术、秸秆压块成型及炭化技术、秸秆发酵制沼气技术等。

秸秆直接燃烧供热技术 以秸秆为燃料，以专用的秸秆锅炉为核心形成供热系统，具体由秸秆收集、前处理、秸秆锅炉和秸秆灰利用几部分组成。适于在秸秆主产区为相对比较集中的乡镇地区提供生产、生活热水和冬季采暖之用。

秸秆气化集中供气技术 它的原理是通过气化装置将秸秆、杂草及林木加工剩余物在缺氧状态下加热反应转换为燃气。工艺流程按粉碎→给料机→气化器→除尘器→冷却器→过滤器→贮气柜进行，最后输送给用户。这种方式在人口相对集中的城区较为适宜采用。

秸秆发酵制沼气 采用立式的圆筒水压式沼气池，经过秸秆的收集、运输、净化、贮存后，在沼气池中发酵，产生的沼气可以为照明、供暖、供热等服务。

秸秆的工业应用

秸秆不仅具有日常供热供能的作用，而且还有很多工业应用潜能。比如秸秆可以通过粉碎，并加入一定量的水和黏合剂，通过拌和→轧片→裁剪→

冷压成型→烘干→喷涂制成快餐盒、缓冲包装材料、瓦楞纸芯、纤维降解膜等工业产品；秸秆可用于生产轻型的建材，是人造板的原料；秸秆可以用作食用菌的培养基；秸秆还是酒精、淀粉、饴糖、生物蛋白等的生产原料。

禽畜粪便的资源化利用

禽畜粪便富含营养，是拥有巨大潜力的资源。因禽畜种类不同，粪便成分和相对含量有着很大的差异，而且这些粪便量的分布也很不均匀。很多禽畜粪便中可能带有病原微生物和各种寄生虫卵，如不及时加以处理和合理利用，很可能造成严重的有机污染和生物污染，危害人畜的健康。因此有必要对其科学地资源化利用，在保护环境的同时增加经济收益，真正实现变废为宝。目前禽畜粪便的资源化利用手段主要有饲料化技术和能源化技术等。

各种禽畜粪便的化学成分百分比表（％）

禽畜种类	水分	有机质	氮(N)	磷(P_2O_5)	钾(K_2O)
猪粪	81.5	15.0	0.60	0.40	0.44
牛粪	83.3	14.5	0.32	0.25	0.16
羊粪	65.5	31.4	0.65	0.47	0.23
鸡粪	50.5	25.5	1.63	1.54	0.85

饲料化技术

禽畜粪便营养丰富，其中含有大量的蛋白质、粗纤维，维生素 B_1 含量可达 217.6 微克/克，经过处理后可以作为禽畜的饲料。

新鲜的粪便直接做饲料 主要是鸡粪，由于鸡的肠道短，从吃进到排出大约需 4 小时，吸收极不完全，所食饲料中 70％ 左右的营养物质未被消化吸收而直接排出体外。鸡粪中粗蛋白的含量为 20％～30％，氨基酸含量与玉米等谷物饲料相当，还富含微量元素等营养成分。

粪便干燥法 主要有日光自然干燥、高温快速干燥、烘干膨化干燥、机械脱水等。这是常用的处理方法，主要依赖于热效应和喷放机械，处理效率较高，设备简单，投资也比较小。

低等动物分解法 利用优良品种的蝇、蚯蚓和蜗牛等低等动物分解畜禽粪便,也就是将禽畜粪便当作这些动物的营养源,达到既提供动物蛋白质又能处理畜禽粪便的目的,可谓一举两得。

能源化技术

禽畜粪便的能源化主要是通过粪便的燃烧和发酵制沼气来实现的。禽畜粪便中的大量有机质具有较高的热值,可以作为焚烧的原料转化成热能,从而节省了煤等原料。牛粪具有很高的热能,在西藏等地,放牧者经常采拾牛粪,将其晒干后储藏,作为燃料使用。

禽畜粪便的资源化可以通过以养殖场产生的禽畜粪便为源头,经过粪便的沉淀、酸化调节后,通过沼气池进行厌氧反应,随后通过气体的气化进行发电、烧锅炉以及日常使用。而沼气池中产生的沼渣则可以通过污泥浓缩、脱水之后进行堆肥发酵制成有机肥。这样就对禽畜的粪便进行了科学地综合利用,从而最大化地发挥了这些禽畜粪便的作用,将原本的污染变成了可利用的能源。

前景与展望

高新技术正在推动农林废弃物资源化产业的升级。通过现代生物技术构建的功能菌,经过驯化可以降解多种物质;大中型养殖场禽畜粪便和农业秸秆处理中堆肥和沼气技术中利用的机械设备,正在逐步向机械化、规模化、专业化方向发展。应当看到,欧美国家早已接收了循环经济的理念,并且由于起步较早,所以机械化、规模化、专业化程度也更高,更能够循环利用物质和能量。与之相比,我们的追赶任务可谓任重而道远。

农林废弃物的能源化利用是未来农林废弃物处理行业发展的主要方向,物尽其用,变废为宝,高效地利用农林废弃物,有效地利用好生产者、消费者和分解者之间的关系,同时运用先进的技术和管理方法充分发挥农林废弃物的价值,使农林废弃物在循环经济中发挥重要作用,为农林业的可持续发展和能源安全作出更为重要的贡献。

电子废弃物的循环利用

电子废弃物俗称"电子垃圾",是指已被废弃不再使用的电器或电子设备,主要包括电冰箱、空调、洗衣机、电视机等家用电器和计算机等通讯电子产品等的淘汰品。在科技飞速发展的今天,电子产品已经成为人们日常生活中不可缺少的一部分。随着电子工业的迅猛发展,电子产品的更新速度日新月异,电子废弃物也随之与日俱增。每年报废的电子废弃物已可以堆积成山。据中国再生资源回收利用协会会长管爱国介绍,目前我国进入了家电报废高峰期,每年仅四机一脑(电视机、电冰箱、空调、洗衣机和电脑)的报废量就超过了6 000万台。更为严重的是电子垃圾中含有大量的有毒重金属物质,如果得不到妥善的处理处置,将会对环境产生极大的危害。

电子废弃物

电子废弃物的特性

与普通的固体废弃物相比,电子废弃物有其显著的特征。

高增长性

随着经济的快速发展和电子产业的不断进步,电子产品的更新换代也是逐年加速,仅废旧电视、电脑、冰箱这样的大家电,我国每年都要报废2 000万台以上。绿色和平组织指出,目前电子垃圾的数量正在以每年5%～8%的速度增长,并且可能在很短时间内就将达到10%甚至更高的水平。目前全球产生的电子垃圾中,有80%以上都出口到了亚洲的各个国家,而我国又接受了其中的90%。由此可见,解决电子废弃物造成的环境问题急不可待。

高危害性

电子废弃物的成分非常复杂,不少家电中都含有有毒的化学物质。比如一台电脑总共可拆分成七百多个元件,其中一半以上会含有汞、砷、铬等多种有毒物质;因制冷需要,冰箱中常含有氟利昂等能破坏臭氧层的氯氟烃化合物;一些线路板、电缆以及电子设备的外壳中常含有卤素阻燃剂,它在燃烧时将产生有毒物质,在危害人体健康的同时也会污染环境。

电子废弃物中的污染成分、来源及其危害

污染成分	来源	危害
氯氟烃	冰箱	破坏臭氧层
卤素阻燃剂	线路板、电缆、电子设备外壳	燃烧过程中会产生有毒物质,危害人体健康并污染环境
汞	显示器	损坏中枢系统,影响胎儿发育,损害肾脏功能,造成水俣病甚至死亡
硒、镍、镉	光电设备、电池及显示器	破坏胃肠功能,危害呼吸系统,可致癌导致死亡
铜	阴极射线管、电路板	过量摄入会出现恶心呕吐、腹泻,甚至出现溶血、肝坏死、肾损害等症状,对低等生物和农作物毒性较大
铅	阴极射线管、焊电锡、电容器及显示屏	出现运动和感觉障碍,影响儿童智力发育,影响肾脏功能,干扰血红素合成,造成贫血、末梢神经炎,严重时可致死亡
铬	金属镀层	可引发皮炎、湿疹、全身中毒,并具有致癌作用

高价值性

电子废弃物主要由金属、塑料、玻璃等成分组成。有关研究表明,一吨废弃电脑部件中含有塑料 270 千克、铜 128.7 千克、铅 58.5 千克、锡 39.6 千克、镍 36 千克、锑 19.8 千克、铁 1 千克、黄金 0.45 千克,其次还含有少量钯、铂等贵金属。在这些成分中,仅黄金的价值就可高达 6 000 美元,其他的大多数成分也都可以回收利用而获取其中高昂的经济价值。更为可喜的是,这些电子废弃物中的金属等成分因其功能性的需要而往往具有极高的品位,甚至比一些普通矿藏的品位还高;与普通矿产开采相比,这样的回收处理方式可以大量减少在开采过程中产生的废矿石、水污染和大气污染,同时还能节约相当数量的水、能源等资源,因此这些电子废弃物具有很高的回收利用价值。

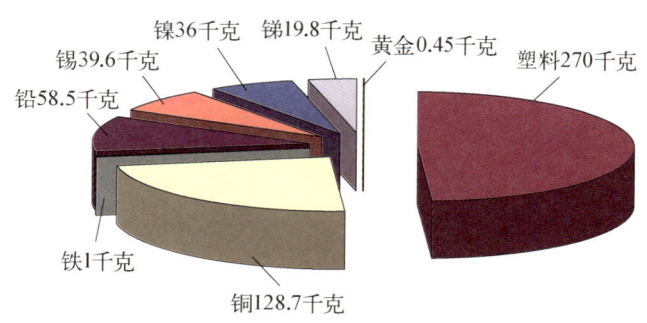

一吨废弃电脑部件成分构成

难处理性

尽管这些电子废弃物具有非常高的价值,但很多发达国家仍将这些电子废弃物出口到发展中国家,原因就在于其难处理性。因为在许多发达国家的环境法规条例下,处理一吨电子废弃物大约需要 500 美元,而在一些发展中国家宽松的法律法规下处理费用仅为 100 美元。目前,电子废弃物的分类回收在实际操作中存在着一定的困难,同时电子废弃物处理技术的产业化水平仍然较低。其中的瓶颈并不是处理技术,而在于成本问题。目前世界上对一些贵金属的冶炼技术已非常成熟,但依旧存在着能耗高或者易产生二次污染等问题,导致回收成本过高而无法市场化。因此许多发达国家通过援助贫困地区甚至是非法出口的方式将这些电子废弃物转移到一些发展中国家,从事着转嫁环境污染的卑鄙行径。

我国电子废弃物的回收现状

目前,我国很少有成型的电子废弃物回收处理系统,大部分是由收废品的小贩以极其低廉的价格收购,再流通到其他市场上。有相关研究表明,我国废旧手机正规回收率仅为1%,废旧家电也仅有19.8%以正规途径回收利用。而小贩手中的这些电子废弃物主要涌向了两条渠道:一些成色尚可的产品在经过改装、修饰之后被出售到农村等地;不能再使用的部分,除了玻璃、大件塑料等被集中回收再利用外,其他部件都流通到了一些拆解作坊。广东省汕头市的贵屿镇就是一个典型的电子废弃物拆解作坊聚集地。来自全球各地的电子废弃物都涌向这里。镇上数万人都以原始低级的方法从事着电子废弃物的拆解和回收工作。他们用硫酸冲洗电路板,并焚烧那些无法再回收的垃圾,使这个小镇成了世界闻名的废旧电子电器拆解基地和再生五金塑料的集散地。人们专门将其称为"贵屿现象",该现象已引起了社会各界的广泛关注。

电子废除弃物的处理方法

电子废弃物的回收利用中,塑料、玻璃等成分的回收较为简单,个体较大的部件仅靠物理处理方式即可回收,而一些较小的部件如电路板上的塑料等则因为回收价值太小而以焚烧为主。电子废弃物中贵金属的回收则是电子废弃物循环利用的重点。目前从电子废弃物中回收贵金属的技术主要分为物理技术、化学技术和生物技术。这三种技术经常被综合起来使用而构成一套处理工艺,确保处理方式的效率最高、能耗最小。

物理技术

物理技术主要有机械破碎、分选、磁选等,物理处理一般处于整套处理流程的前处理过程。它的目的是使一些元器件相互分离,以便于后期的进一步处理。日本的NEC公司开发出了一套自动拆卸废电路板中电子元器件的装置,它主要是利用红外加热和两级去除的方式使元器件脱落,这样的操作方式对电子元器件不会造成任何损伤。

化学处理

化学处理方式主要分为火法冶金和湿法冶金。火法冶金的基本原理是通过冶金炉高温加热剥离废金属物质，使贵金属熔融于其他金属熔炼物料或熔盐中再加以分离。火法冶金的关键技术主要有焚烧熔出工艺、高温氧化熔炼工艺、浮渣技术、电弧炉烧结工艺等。采用火法冶炼提取贵金属具有操作简单、回收率高的特点，但其在焚烧过程中产生的有害气体易造成二次污染，其他金属的回收率较低，且设备较为昂贵，目前已逐步被湿法冶金等其他方式所取代。湿法冶金的基本原理是利用贵金属能溶于硝酸、王水等苛性酸的特点，将其从其他金属中分离出来。与火法冶金相比，湿法冶金具有废气排放少、工艺流程简单、经济效益显著等优点，是目前应用最广泛的技术。

生物处理

生物处理多指微生物处理，它是利用微生物的活动使得金等贵金属合金中其他非贵金属成分被氧化成为可溶性物质而进入溶液中，从而使贵金属裸露出来以便回收。生物技术提取贵金属工艺简单、价格低廉且不会对环境造成二次污染，但处理周期很长，难以实现大规模利用。

先进工艺

我国科研人员提出了在环境友好的前提下利用高压静电分选技术回收废旧电路板中各类资源的新思路，并取得了重大进展。科研人员据此设计出了风力-高压静电分选复合回收工艺，使金属的回收率达到95%～98%，非金属的产物纯度达到99%以上，同时当破碎后的电路板颗粒尺寸变化较大时，该工艺仍然能够保持高回收率。

科研人员还改进了用于回收废弃硒鼓和废弃含制冷剂家电的磁选-涡流分选复合回收工艺，改变了传统手工拆解回收工艺不仅对环境和人体有害，同时效率非常低下的情况，有效地回收了废弃硒鼓，同时在破碎过程中新增了袋式除尘器以收集残留在废弃硒鼓中的墨粉，避免了空气的二次污染。

美国佛罗里达大学与萨瓦纳河技术中心开发出微波回收法，将破碎后的电路板放在一个内壁衬有耐火材料的微波炉中加热，使有机物气化而与金属分离，再将金属熔化回收。

德国戴姆勒-奔驰公司乌尔姆(Ulm)研究中心开发了以破碎、液氮冷冻后粉碎、分类、静电分选四段式工艺来处理拆卸后的废旧电路板的方法。更特别的是，该中心还研制出一种分离金属和塑料的电分选机，在监控之下可分离出粒径在0.1毫米以下的颗粒，从而使从粉尘中回收重金属也变得不无可能。

国际经验

法国政府早在2005年就启用了全国性的电子废弃物回收办法，遵循"谁生产、谁销售、谁使用、谁负责"的原则。所有电器，大到冰箱、洗衣机，小到电话、吹风机，都必须遵循此原则；而电子产品生产商则作为回收主力，需承担其产品回收循环再利用的全部费用。

美国则在20世纪90年代初就颁布了一系列关于废旧家电处理的强制性条例，当局还通过干预各级政府的购买行为，确保有再生产成分的产品在政府采购中占据优势地位，从而推动废旧家电的回收利用。

日本的《家用电器回收法》已从2001年起实施，法律规定家电生产企业必须承担回收和利用废旧家电的主要义务，同时消费者也要承担家电处理以及再利用的部分义务。

前景展望

我国曾先后发布了《关于加强废弃电子电器设备环境管理的公告》和《废弃电器电子产品回收处理管理条例》等法律法规，不断地在规章制度上完善电子废弃物的回收处理和再利用的法律依据，并且通过对进口电器电子产品的收货人或代理人征收基金用于补贴废弃电器电子产品回收处理费用的方式，应对电子废弃物处理中资金短缺的瓶颈。在科技水平不断进步、人民思想意识不断提高，以及制度法规不断完善的背景下，我们相信，电子废弃物的回收及循环利用一定会前景光明。

废玻璃的回收利用

玻璃是一种较为透明的固体物质，在熔融时形成连续网络结构，冷却过程中黏度逐渐增大并硬化成为不结晶的硅酸盐类非金属材料。普通玻璃化学氧化物（$Na_2O \cdot CaO \cdot 6SiO_2$）的主要成分是二氧化硅，是一种混合物。

20世纪初，随着技术的发展，玻璃进入了大规模工业化生产阶段，玻璃自此成为日常生活中的一种常见材料：房屋的门窗，食物的包装，家用的器皿，电子产品的屏幕，以及一些尖端的科研领域等，都能见到玻璃的身影。广泛的利用必然带来大量的废弃物，如今世界各地的城市和玻璃工厂每天都产生大量的玻璃废弃物，以玻璃厂为例，从平板玻璃原片上切割下来的边角料占到总产量的15%~25%，工序定期停产产生的废玻璃占到玻璃总产量的5%~10%，再加上15%的玻璃纤维生产工业中产生的玻璃废丝，玻璃厂每天都产生着惊人数量的废玻璃。日常生活中产生的废旧玻璃包装、损坏以及被替换的废旧玻璃制品也是废旧玻璃的重要来源，欧美一些发达国家废旧玻璃量占城市垃圾总量的4%~8%。

大量的废玻璃，一方面需要占用大量的空间来堆放、填埋，且易造成环境污染问题；另一方面造成了资源的极大浪费，不符合我国可持续发展的基本国策。因此，有效地再利用废玻璃，具有巨大的社会和经济效益。

玻璃的回收

废玻璃再利用的第一步就是回收。废玻璃的回收利用主要有三个步骤：收集、分拣和破碎。而这些步骤都存在着一定的困难。一是废玻璃分量重，有棱角，收集、运输都很困难。二是一般的日用玻璃分为透明色、棕色、绿色，分别含有各种微量添加物，要再生利用就必须先将三种颜色的废玻璃分拣开来，不能混杂。集运、分拣难，也就提高了回收加工的成本。三是破碎时由于玻璃形状的差异，破碎成相近大小的颗粒具有一定的难度。

发达国家在玻璃回收利用上经过长时间的努力，取得了显著的成效。英国、丹麦、瑞典等工业发达国家早在20世纪70年代就开始回收废玻璃。英国于1977年底建立了玻璃再生中心,以提高废玻璃的利用率。德国在全国的城市居民区、公园、商店、酒吧和其他地点设立了大量的回收箱。瑞士则是建立了废玻璃的定期回收制度。经过三十多年的努力,这些国家的回收计划效果显著:2001年,西方各国生产瓶罐玻璃1 840万吨,回收玻璃约837.5万吨,节约了熔制玻璃制品所需原料的46%。节约原料与能源的数量相当可观。其中有很多地方值得我们借鉴学习。

日用玻璃分为三色

欧盟国家在玻璃回收制度的建设上不遗余力,截至2008年年底,欧盟国家的玻璃回收率达到了60%。德国于1997年就建立起了覆盖全国的玻璃回收网络,瓶罐玻璃的回收率达到了79%。由于各个国家国情不同,玻璃的回收利用技术在发达国家都具有显著的差异。例如,在法国由于对棕色玻璃的需求量低于欧洲其他国家,这就对其回收系统提出了分色回收的要求,同时驱使其研究棕色玻璃组分加入别的玻璃原材料中的影响。美国地域广阔,由于废玻璃在破碎之前体积较大,远距离运输成本很高,所以美国根据地区废玻璃组成情况,建立了合理的专业玻璃破碎工厂,并就地建立子玻璃加工厂。日本国土狭小,人口密度大,板硝子工厂在其京都工厂实现了玻璃废弃物的零排放。该工厂将每年高达5 100吨的废弃物按颜色及物质分成11种类型,分别回收,而总费用仅仅上升10%。

一般处理废弃玻璃的技术包括:通过磁性分离机对铁质材料进行分拣;手工分拣大颗粒杂质;通过压缩空气分拣轻质材料;分色分拣则主要通过光

学传感,用压缩空气进行分拣。

德国的碎玻璃加工处理公司拥有先进高效的设备,将各种分拣出来的废玻璃送至粗碎机,破碎成块状,再送入粗选室由人工拣出塑料、金属、石块及陶瓷等杂质,磁拣后送入细碎机,根据用户的要求破碎成不同的颗粒。夹层玻璃通过筛子将胶片筛出。通过电子扫描装置进行检测合格后,装入容器内。德国齐配(ZIPPE)工业设施股份有限公司开发的BRV废玻璃破碎机,适用于任何一种废玻璃的破碎。德国双仕分拣(S+S)技术有限公司研制的激光设备CsF-LAG7200/2分离器可识别并分离小至2毫米的小颗粒杂质。与该设备配套的两个光学系统则用于识别中等颗粒及粗颗粒。高强度激光和探测能够识别脏玻璃或黏有标签的玻璃,磁性金属分离器可有效地识别小至0.6毫米的金属杂质。

废玻璃的利用

废玻璃的应用广泛,主要可以分为回收再造玻璃和特别利用玻璃。

回收再造玻璃

俄罗斯在废玻璃回收再造领域水平较高,废玻璃在配合料中的比例达80%~90%,甚至100%。俄罗斯工厂用回收的瓶罐、平板和显像管废玻璃以及普通石英砂生产硅酸盐玻璃、硅粉和多孔玻璃砖获得了成功。用化学组成不同的废碎玻璃来生产硅酸盐玻璃,可使玻璃具有一些特殊的性能,例如,高防辐射、耐腐蚀、高强度、轻质保温等。

用作添加剂

废玻璃还可以作为很多工业制品的添加剂。例如碎玻璃与聚丙烯或聚酯苯乙烯树脂融合(玻璃为骨架,树脂为空隙填充物),可制成污水管道,不仅强度远远高于水泥和黏土管,还具有较强的耐化学腐蚀性和耐水性,目前已经在美国大量投入使用。成分为30%的沥青、60%的废玻璃碎块和10%的石料的"玻璃沥青",不仅成功地做到了废物利用,而且实践证明还能减少车辆的横向滑翻,具有良好的耐磨性,并且由于可加速积雪融化,特别适用于气温低的地区。在日本,废玻璃被二次加工成微晶玻璃、玻璃微珠等特殊材料,都具有良好的性质(甚至高于传统材料)和较低的成本。

用于建材领域

玻璃还可广泛用作建筑材料。例如在水泥块制品中替代岩石骨料,在黏土砖中代替长石助燃剂,能增大黏土砖的强度和耐风化程度,并降低烧成温度。把掺有发泡剂的玻璃粉加热到玻璃熔化点,固化前气泡由混合物中逸出,球体上产生多孔结构,用控制泡形成量的方法可制成轻质骨料。用轻质骨料替代混凝土中的砂石,混凝土重量能减少一半而不降低它的强度或其他所要求的性质。美国欧文斯科宁公司发现使用废玻璃生产玻璃棉可以节约大量的二氧化硅和纯碱,并已成功投入了实际生产。日本的木质纤维板公司开发出一种混有碎玻璃的廉价涂料,并已应用于道路、建筑物、居室墙壁、门用涂料等方面。使用这种混有碎玻璃涂料的物体,如果受到汽车灯或阳光照射就能产生漫反射,具有防止事故和装饰的双重效果。

除此之外,废玻璃还有作为机械、车船的表面清洗剂,生产绝缘材料等用途。

废玻璃在我国的利用现状与前景

我国在废玻璃回收利用方面起步较晚。主要是由玻璃工厂自行回收边角废料,酒厂回收酒瓶等。20世纪80年代末至90年代,国内出现了以废玻璃为原料生产再生平板玻璃的小平拉厂。当时用废玻璃生产再生玻璃是我国废玻璃利用的主要途径。各大、中、小城镇废品收购站回收的废玻璃数量较小。2006年,商务部要求各地全面落实再生资源回收体系的建设工作,其中多次提到废玻璃。据统计,我国废玻璃的回收利用率只有25%左右。大量废玻璃被弃之不用,造成了极大的浪费。

因此,我国应该在制度和技术上双管齐下,一方面借助法律法规和政策向导建立合理完善的废玻璃回收机制;另一方面,加大废玻璃回收利用的科研力度,并加快推广应用的步伐,使科研成果尽早地转化成生产力,使我国的废玻璃循环利用真正走上正轨。